CHUANGYI CHANYE JIQUN
KUAQUYU XIETONG CHUANGXIN WANGL[...]
YANHUA YU FAZHAN

创意产业集群
跨区域协同创新网络的
演化与发展

毛 磊◎著

中国财经出版传媒集团

经济科学出版社
Economic Science Press

图书在版编目（CIP）数据

创意产业集群跨区域协同创新网络的演化与发展/
毛磊著. —北京：经济科学出版社，2021.7
ISBN 978 – 7 – 5218 – 2696 – 8

Ⅰ. ①创…　Ⅱ. ①毛…　Ⅲ. ①文化产业 – 产业发展 –
研究　Ⅳ. ①G114

中国版本图书馆 CIP 数据核字（2021）第 135909 号

责任编辑：孙丽丽　胡蔚婷
责任校对：李　建
责任印制：范　艳　张佳裕

创意产业集群跨区域协同创新网络的演化与发展

毛　磊　著

经济科学出版社出版、发行　新华书店经销

社址：北京市海淀区阜成路甲 28 号　邮编：100142

总编部电话：010 – 88191217　发行部电话：010 – 88191522

网址：www. esp. com. cn

电子邮箱：esp@ esp. com. cn

天猫网店：经济科学出版社旗舰店

网址：http：//jjkxcbs. tmall. com

北京季蜂印刷有限公司印装

710 × 1000　16 开　9.5 印张　140000 字

2021 年 7 月第 1 版　2021 年 7 月第 1 次印刷

ISBN 978 – 7 – 5218 – 2696 – 8　定价：42.00 元

（图书出现印装问题，本社负责调换。电话：010 – 88191510）

（版权所有　侵权必究　打击盗版　举报热线：010 – 88191661

QQ：2242791300　营销中心电话：010 – 88191537

电子邮箱：dbts@ esp. com. cn）

目　录

第 1 章

绪　　论

1.1　选题目的和意义

作为一个新兴产业，创意产业的快速崛起不是一蹴而就的，它是社会经济发展到一定阶段的必然选择，即城市经济转型的迫切需求、现代科技发展的有力支撑以及文化竞争力提升的必然举措是当前我国创意产业勃兴的现实背景。而产业集群模式为创意产业的发展提供了良好的空间组织载体。创意产业集群内各类企业基于文化的创造力集聚在一起，更容易促使创意思想相互碰撞，从而可能涌现出更多的创意源，形成多维发散网络空间。这种创新网络空间的不断嬗变成为产业集群发展的主要动力。但由于受经济区域以及行政区域的限制，各创意产业集群之间虽然在地理位置上呈带状相连，却缺少足够的协同合作与互动，相关产业链缺乏横向和纵向整合，这就阻碍了创新要素的有效配置和自由流动，使集群间的分工难以精专、协作难以开展、规模难以做大。因此，如何促使创意产业集群跨区域协同创新网络的构建，使集群在更大的区域范围内发挥集聚效应，实现技术、知识和信息等要素的共享，提高集群的协同竞争能力，显得尤为必要。

由于面临国内经济产业结构升级的急迫需求，我国政府已经将创新驱动发展列为国家战略予以实施。创意产业作为一种新兴的创新型产业，在发达经济体中占据重要位置，我国近年来创意产业也同样实现了快速增长。实施跨区域间创意产业集群间的协同创新是实现创新驱动发展战略的重要路径，因而研究跨区域创意产业集群协同创新网络构建问题显得极为必要。日前，长三角区域合作办公室已组建到位，且确定了规划对接、战略协同、专题合作、市场统一、机制完善五个着力点，可以预见未来长三角跨地区的合作将更为频繁和便利，这同样为长三角三省一市的创意产业协同发展提供了前所未有的机遇。

从理论上研究跨区域创意产业集群协同发展规律，更有利于我国区域间创意产业集群的有序健康发展，从而为创意产业集群和园区的合理规划提供理论依据。当前与国外创意产业发达的国家相比，我国在促进创意产业集群发展的政策方面依然缺乏系统性和科学性，而在我国跨区域创意产业集群协同发展政策方面更是薄弱。什么是跨区域创意产业集群协同创新网络的运作机理呢？创意产业集群创新网络成长与企业协作策略选择机制是什么？影响跨区域协同创新网络构建的因素有哪些且这些因素之间是否相关？所要回答的这些问题，既是学界需要研究的理论命题，又是政府部门制定相关政策的重要依据，因此，本书从理论上系统地研究了跨区域创意产业集群协同发展的机理，从而可以依据其制定更加行之有效的政策以促进我国跨区域创意产业集群的协同发展。

因而本书的研究对有效开展跨区域创意产业集群协同创新具有重要的理论和实践意义。

1.2　文献综述

1.2.1　文化创意产业集群理论的相关研究

最早的创意产业集群可追溯到 19 世纪 ~ 20 世纪之交的波西米亚（Bohemia）的巴黎艺术社区（Mommaas H. 2006），这种城市语境的创意集群，在当代城市又常被称为文化园区（Cultural Quarter/District），主要包括生产性文化园区（强调产出）和消费型文化园区（如独特的商业性文化艺术空间），是有着本土特色又与世界广泛联系的多元文化城市空间①。

20 世纪中后期不少因工业而发达的世界著名城市进行着经济发展模式的重大转型，在这个过程中一些城市的旧城老区由于缺乏投资从而渐趋衰败，如何重振这些地区的经济活力实现该区域的持续发展就成为当地政府关注的焦点。随着一些艺术家进入这些被称为"不适宜居住的地方"的老城区，他们所拥有的创意思维为这些地区注入了新的美学和艺术价值，结果造成这些边缘地区的经济复兴。该复兴的一个重要形式就是创意产业集群（创意产业区）的崛起。

英国创意集群网站对文化创意产业集群的定义为：包含了非营利性企业、文化机构、艺术汇集点、独立艺术家、临近科学园和媒体中心。既是工作也是生活的地方，既生产也消费文化产品，既为工作又为娱乐而日夜经营。是一个既有本土特色又与世界广泛联系的多元文化城市地区。学者普拉特（Pratt，2004）认为应从文化创意产业生产关联性而不是集聚地点去理解集群，提出可使用文化产业生产体系的概念替代文化创意产业集群概念，在其观点中认为集群边界不再重要，边界应由文化创意企业生产和交易的空间尺度范围而定。

学者沃斯曼（Vossman，2002）认为随着许多城市将艺术作为当地不断衰退产业基础的替代，文化创意集聚区数十年来受到特别的关注。研究文化创意集聚区的学者通常将文化艺术作为消费——也即将文化与别的服务产业联系在一起作为对外地居民的一种吸引。学者艾伦·斯科特（Allen Scott，2004）教授认为文化创意产业在大城市积聚的现象在今后会得以延续，但小城市和地区同样能使用现代技术产生出与大城市中文化创意企业相配合的卫星式微型创意组织而获得发展。因而斯科特认为文化经济时代开始强调文化产业集群的建设，而文化产业集群的打造已经成为所谓第二

---

① Mommaas H. Cultural Creative Cluster Perspectives：European Experiences ［Z］. Paper Presented to the Cultural Creative Spaces Conference. Beijing，19 to 21 October，2006.

代文化经济政策的标志之一。庞雷恩（Pumhiran，2005）认为创意群落是创意产业发展的空间表达，为创意产业提供了公共设施、部门认同感、创新灵感、工作和销售机会。而凯夫斯（Caves，2002）论述了艺术中心的凝聚力在于集聚而节约了经销商和顾客的成本，其中，艺术品差异大的特性可以抵消集聚带来的不利因素。

学者马克·J. 斯滕（Mark J. Stern）和苏珊·C. 赛福特（Susan C. Seifert）认为文化艺术能使城市经济复兴，主要是靠艺术使得当地社区居民参与其中并使该地区富有活力，而不是靠光鲜外表以掩盖其破落凋敝的现状。在通过对宾夕法尼亚大学社会政策和实践学院所承担的《艺术方案的社会影响》（SIAP）研究项目长达15年的跟踪研究发现，城市社区通常是包括非赢利艺术组织、商业化的文化企业、居住地的艺术家和其他文化参与者在内的文化资源的集聚地区，这实质就是一种文化创意产业集群。文化创意产业集群具有植根于本地的显著特征，例如当地居民有着相当高的参与程度，同时随着集群发展，当地还伴有人口增加、住房升值和贫困比率降低等经济增长现象。

关于文化创意产业集聚方面的国外文献更多地集中在对那些人为规划并构建的文化创意集聚园区上，而对由当地居民、艺术家、文化工作者和企业家等草根阶层的活动所构成的文化创意产业集群的研究关注程度尚显不足。有学者认为两者差异体现在集群更为注重文化创意产品的生产，集群中的文化创作人员群体能增进相互间的信息交流并能获得更多的专业化服务和专门知识。而文化创意产业集聚区通常更为关注以消费为导向的娱乐目标的实现，并以其作为刺激当地旅游和餐饮服务产业发展的手段。而对文化创意产业集群的关注能回应创意经济拥护者提出的批评即不断提升的市民和消费者之间的矛盾。与向旅行者推销的城市不同的是，文化创意集群的规划将从该地区的市民如何能从文化创意经济中获益开始，通过建立对新参与方式的认可，其构筑了市民参与和经济消费的桥梁，文化创意产业集群验证了一条过去时代"以本地市民为消费者"重现的路径。

1.2.2　关于文化创意产业集群形成的研究

里拉奇·纳琼（Lilach Nachum）和戴维·凯伯（David Keeble）分析了伦敦的文化产业集群，也分析了跨国公司子公司与本土公司在伦敦文化产业集群中的异同表现，包括跨国公司子公司与本土公司进入集群的原因的异同，和对集群的根植性等。同时他们对伦敦中心区的媒体集群进行了较为深入的研究，他们发现了地方化集群学习过程是媒体集群创新和活力主要源泉的有力证据。嘎尼娜·高瑙斯塔娃（Galina Gornostaeva）和保罗·切希尔（Paul Cheshire）认为文化产业公司间的地理接近是受外部经济的驱动。而一旦集群成立，则会产生积累效应，从而会吸引更多的公司进入。集中在一起的公司所形成的某些特征会吸引同部门的其他公司。并通过计算欧洲各国大都市文化产业的区位熵来判定欧洲各国文化产业的集聚趋势。巴斯特（Bassett）等详细描述了布里斯托尔的文化产业的发展现状和集群形成与发展的过程，分析了集群内公司的交互关系和外部环境对集群发展的影响，并判断了布里斯托尔文化产业集群的类型。皮姆公爵和埃里克·布鲁瓦（Pim den Hertog and Erik Brouwer）对荷兰的多媒体集群基本特征、集群动力机制和创新体系以及绩效进行了分析。

一些学者对影响文化创意集群形成的重要因素进行了研究。学者蒙哥马利（Montgomery）一直试图能鉴别出文化集聚区获得成功的环境影响因素。而学者伊文斯（Evans）认为文化园区要想获得成功需使文化消费和生产融为一体。学者斯科特对美国城市洛杉矶的设计产业集群进行了深入调查研究，发现集群中这些挨着很近的同类企业能共享资源和接近供应商。他认为这种工艺、设计和文化产品集群的出现有三个原因：首先集群化通常是有效率的，那些设计工作室和机构更愿意在靠着剧院的地方落户，因为这种近距离能使每个企业生产很方便。其次集群化有助于创新，生产者网络可被看作结构化的一整套生产经营活动和潜在的机会，因为他们比别人更容易获取必备的知识和能力。最后由竞争者构成的集群能更注重不同生产方式的成本和收益。为了能在集群中生存和提升效率，生产企业需要不断把握调整竞争和合作之间的平衡。因此斯科特认为集群化是那些既想提高所生产作品质量且又想从产品中更好地获益的文化产品生产者的主要特征。

1.2.3 文化创意产业集群网络化的相关研究

文化创意产业集群的网络化问题近些年来为许多学者所关注。阿明和科恩迪特（Amin and Cohendet，1999）认为其反映了文化创意产业集群内中小企业网络自组织的新形式，并认为它是对全球性大公司内部网络组织结构的复制。葛拉博（Grabher，2002）将文化创意产业的网络组织方式分为两种，一种是全球范围内网络结构，另一种是区域范围内网络结构，这两种网络结构作为自我调节系统不仅能实现网络节点间的相互学习，而且还能提高面向未来的适应能力。葛拉博（Grabher，2004）认为就项目协作而言往往是短期关系，在这种意义上，网络并不必然是关于个人的信任关系，即使因协作项目结束而造成短期关系解除，这种潜在网络关系在需要时能随时被重新激活。他认为这些项目不是被个别参与者记住而是被协作网络本身所记住并深深地植根于当地。

斯科特（Scott，1997）教授认为创意产业集群根植于地方生产者网络，并在全球范围内形成创意产业集群生产网络，这种网络具有特殊竞争优势。普拉特（Pratt，2004）则从创意产业集群形成和发展条件与辅助机构来探讨创意产业集群构成的外部网络组织，他认为创意产业集群发展的辅助机构为其形成和发展提供支持和配套设施。如教育和培训、专门商业服务、研究机构等。凯夫斯（Caves，2002）认为创意生产网络的集聚和发展最终带来的是创意群落的成本优势、集体效率和创新优势等，而这些构成了创意产业集群形成和发展的动力因素。

学者李·弗莱明（Lee Fleming，2006）认为地理位置的临近在知识的合作生产中扮演着重要角色。合作的程度随着空间距离的加大而快速降低。对其所作的解释是虽然现代通信技术能缩短空间距离实现信息的即时交流，但在复杂的解决问题的活动中，面对面的交流则显得十分重要。在研发过程中，组织之间协作的成功部分依赖于所存在的正式合同契约，也部分地依赖于面对面的联络，还部分地依赖于人才之间互相交流，只有当参与者在地理上相互临近且在同一种制度环境下，这些合作研发活动才很容易形成。同时他还运用复杂性理论分析了创意集群内研发网络的动态演化并认为其对创新和经济增长做出了重要贡献。

莫劳奇（Molotch，1996）等学者从创意产业集群的网络环境组成来探讨创意情境的问题，认为内城对创意产业区发展有特别的网络环境吸引力，并认为内城创意产业群落集聚的动力来自内城区独一无二的环境而产生的丰富、复杂和相互依赖的网络特性。

在社会网络研究方面，有学者从社会网络和社会资本角度来探讨创意产业区的"软"环境构成。国外学者布朗（Browm，2000）等对音乐文化产业区的"软"网络进行了研究，认为"景观""情境"和"发生地方"等软网络的形成促使知识和信息的交换而形成社会网络。沃考特（Walcott，2002）等认为在创意产业集群中企业家精神和企业家文化更有可能发生。

1.2.4　有关跨边界区域创新系统的相关研究

目前，对于创新系统的实证和理论研究学者们更多的是关注在国家创新系统和区域创新系统层面，而对跨边界地区的创新系统则关注不够。跨边界区域创新系统（CBRIS）的理论背景散见于产业区理论（布鲁斯科，1982）、产业集群理论（波特，1990）、学习型社区（马思凯尔，1999）以及在国家创新系统和区域创新系统相关理论中（库克，1992；伦德维尔，1992）。确切说是将区域创新系统（RIS）的含义植入跨边界地区的情境中（CBR）从而产生了 CBRIS 的概念（Trippl，2010）。从目前的学界研究可以知道，一个跨边界区域创新系统包含有四个维度的子系统，即知识生成和传播子系统，包括了研究机构、基于机构和知识转移机构；知识应用和开发子系统，即位于该区域的以盈利为目标的市场化企业或是公司；区域政策子系统，主要是当地公共授权机构（拥有行政管理权限的政府管理部门）以及社会制度文化因素，包括正式（法律、法规）和非正式（常规、惯例和习俗）制度。外部影响（国际组织和国家创新系统）对于区域创新系统功能的发挥有着极为重要的贡献，例如可以通过直接资助和制定创新和科技政策来对跨边界区域创新系统产生影响。除此之外，其他区域的创新系统也会对 CBRIS 产生影响：合作伙伴或是竞争者麦肯锡和印金（Makkonen and Inkinen，2014）。在知识生成与传播子系统和知识应用与开发子系统的内部以及子系统之间存在着高度的本地化互动，这些均是由区域政策子系统提供支持和推动，旨在增强区域创新能力和竞争力（Trippl，2005）。而社会制度因素同样在决定和塑造当地主流的合作行为方式和区域主体网络中扮演着重要角色（Trippl，2010）。当把区域创新系统（RIS）理论运用在跨边界情境中时，这个系统是有将两个相互独立的部分整合到一起的潜力的。例如，对于区域政策子系统而言，在边界两边有着各自的区域公共授权机构，这两个地区创新系统中的政策子系统对于跨边界区域的发展也许有着协调一致的政策或是边界两边共同成立了一个单独的管理机构负责跨境合作，然后这并不意味着各自地区的公共管理机构将被废除。因此，CBR 仍属于两个独立的区域创新系统，当地的知识生成与传播子系统和知识应用与开发子系统深度嵌入各自区域层面，与此类似的是在边界的邻近区域，社会制度因素通常极为不同，因此，边界成为阻碍在跨边界区域创新系统中组织间相互作用的障碍，但这种差异反过来也可看作是整合未开发的协同关系的良机，从而以此促进跨边界地区的经济增长（Jauhiainen，2014；Lundquist and Trippl，2013）。国外学者科沙茨基（Koschatzky，2000）、科勒、穆迪森和阿什海姆（Coenen，Moodysson，and Asheim，2004）以及伦德奎斯特、温特（Lundquist，Winther，2006）等是应用创新系统理论框架来分析跨边界区域的最明显例证，其中科勒（Coenen，2004）是在其论著中首次使用 CBRIS 专业术语的学者。其后学者特里普（Trippl，2010）最先对其概念进行界定，而后由学者伦德奎斯特和特里普（Lundquist and Trippl，2013）和魏登费尔德（Weidenfeld，2013）对该理论进一步发展。而学者焦海宁（Jauhiainen，2014）随后在政策简报中总结了 CBRIS 的一些关键问题。根据有关概念方面的文献，CBRIS 也被用作各种实证研究的分析框架（Hansen，2013；Makkonen，2015）。

近年来，邻近学派博希马（Boschma，2005）提出的论点是 CBRIS 概念进一步概念化的重要转折点。关于邻近的文献确认了几种不同类型的邻近性，如果仅仅是地理上的邻近并不会自动产生密集的合作网络和创新的高产出（Koschatzky，2000；Trippl，2012）。这种对邻近性理论的认知已可以看出学界对邻近性进行了功能性和关系性的划分。关系性邻近是指所有非空间邻近性类型的总称，包括认知、文化、制度、社会、组织和技术方面的邻近性。相比之下，功能性邻近是指通过旅行时间和运输理解的地理或物理距离维度。关系邻近的多维度在早期的文献中已经被定义过（Boschma，2005；Hussler，2004；Knoben and Oerlemans，2006），例如，按照知识基础的相似性（认知邻近），具有相同语言和宗教的文化背景（文化邻近），正式规制和非正式约束的相似性（制度邻近），组织情境的相似性（组织邻近），基于信任的人际关系（社会邻近），共同的技术经验（技术邻近）。然而，在这些术语的使用和理解上目前还存在着差异。例如技术邻近与跨边界两端知识基础的相似性有关，而知识基础的相似性又与认知邻近相关联（Knoben and Oerlemans，2006）。与此相比，一些学者将功能性距离看作创新绩效相似度水平（Maggioni and Uberti，2007）。描述不同相邻性类型的定义很大程度上相互之间存在着重叠，在内涵界定上不够完善清晰且未能得到准确度量（Aguilera，Lethiais and Rallet，2015）。然而，在企业层面和多变的区域层面有关邻近性和创新的大量实证性文献一致认为在产生跨区域的重要知识流方面，邻近性扮演着极为重要的补充角色，这也意味着在跨边界区域创新系统这个概念的争论中邻近性的重要程度。然而，通过这些研究得出的实证结果具有邻近性度量的显著不同差异，也只是部分地能够证实关于邻近性重要程度的论调。与邻近地区相比，特定行业和地区的创新绩效如何受到影响似乎存在显著差异。

近年来一些有关邻近性和创新的概念性讨论中提出，为了使真正的学习机会存在，区域之间的认知邻近的最佳量（不太小也不太大）不是高度接近，而是必要的邻近（Boschma and Weterings，2005），这被称为"相关多样性"。基于以下逻辑相关多样性的讨论被 CBRIS 的相关文献采纳（Jauhiainen，2014；Lundquist and Trippl，2013；Trippl，2010）：如果边界的另一端太相似，相互之间就没有什么可以相互借鉴的地方，如果两者有太大差异，就不能从两端的协同中获取任何收益。因此，在认知邻近和创新之间存在着通常假设的倒"U"形曲线。

相比之下，学者赫什加等（Heringa et al.，2014）通过最近有关邻近性和创新方面的研究得出结论认为并没有证据支持相邻性和创新之间存在着倒"U"形曲线。因此，对于成功的创新产出而言，到底什么是认知邻近的足够近和足够远，现在依然缺乏明确性。认知邻近的最优化水平会随着在时间、地理和部门的变化而产生变动，现在还明显没有什么万全解决方案。因此有必要对相关多样化的概念进行实证检验，以确定已做的案例研究的结论是否能在更广的地理和部门范围内得以验证（Caragliu，de Dominicis，and de Groot，2016）。如果只是将多种邻近性吸收进概念性讨论这是相对容易做到的，但要通过实证方法来检验这些相互交织在一起并能彼此严格区分的邻近性类型则显得极为困难，这会引起概念重叠的风险（Coenen et al.，2004）。有关相关多样化的讨论，尽管在概念上具有吸引力但在实际验证过程中很难做到精准定位，目前有关 CBRIS 的文献研究主要集中在对单一或是几个邻近维度进行阐述，包括认知距离（Makkonen，2015）、地理邻近或是物理距离阻隔（Hansen，2013）以及制度缺口（Van den Broek，2014）。值得注意的是在有关 CBRIS 的早期文献中，在 CBR 区域的实证研究结论反而比近期的研究更具有多样性。例如，科沙茨基（Koschatzky，2000）和科勒等（Coenen et al.，2004）在与空间距离所扮演的适度的角色相比更加强调了文化和制度邻近的重要性。而在此之后有关 CBRIS 的实证性文献均未能产生足够新的有意义的见解或是能支持邻近性和相关多样化概念的新奇发现。

最初的 CBRIS 概念包含有五个不同维度，这五个维度又和区域创新系统的子系统以及有关相邻性多个维度的讨论密切关联（Trippl，2010）：（1）知识基础设施（科学基础），（2）商业（经济结构/专业化形式），

（3）关系（关联性），（4）社会制度（制度构建），（5）治理维度（政策结构）。后来，伦德奎斯特和特里普（Lundquist and Trippl，2013）又增加了第六个维度即可达性。魏登费尔德（Weidenfeld，2013）建议旅游业增加跨边界的流动性，这能潜在地使知识发生转移和在 CBRIS 的创新活动。实质上，如果跨边界地区拥有先进的科学基础和一个发达的与创新相关的基础设施（知识基础设施维度），且边界两边的公司都属于创新型的（商业维度），同时跨边界地区还有着良好的经济关系和集体学习过程（关系层面），以及在 CBR 地区有着文化、社会、制度相邻性的一定水平（社会制度维度），具有足够的政治自主权来执行协调的 CBRIS 政策（治理层面），此时一个较强的跨边界区域创新系统则整合形成了（Trippl，2010）。与此相一致，CBRIS 也应该具有一定程度的物理接近性（可达性维度）。综上所述，这些维度有助于解释 CBR 的整合阶段、创新性和竞争力。然而，迄今为止还没有一项实证研究探讨所有这些维度，伦德奎斯特和特里普（Lundquist and Trippl，2013）认为这一问题对于概念的进一步发展极为重要。

1.3 研究思路、内容与方法

1.3.1 研究思路

该项研究主要围绕着对创意产业集群协同创新网络的相关理论概述→跨区域创意产业集群协同创新网络的类型、模式与演化→跨区域创意产业集群协同创新网络运作机理分析→多维邻近视角下跨区域协同创新网络构建的影响因素分析→国内外跨区域创意（创新）产业集群创新网络构建的经验借鉴→创意产业集群跨区域协同创新网络的政策制定分析及政策建议这样的逻辑主线展开，运用演化经济学、开放式创新理论以及自组织理论等多种理论从多个角度对跨区域创意产业集群协同创新网络的产生、演进及其影响因素进行了较为深入的阐释。其中还使用了多种研究方法例如演化博弈分析法、运用 Matlab 软件进行数值实验的计算机模拟仿真以及多元统计分析中验证性因子分析法以及构建结构方程模型等量化计算方法。

1.3.2 研究内容

第 1 章绪论部分，主要阐述了该项研究的选题目的和意义，接着对跨区域创意产业集群协同创新网络的相关研究进行了文献综述。接着阐述了研究报告的主要研究思路、内容和方法，并列出了拟成立的创新点。

第 2 章主要对创意产业集群协同创新网络的相关理论进行了概述。主要阐述了与创意产业集群相关的文化产业、创意产业和创意产业集群的含义，以及创意产业集群的特征和跨区域创意产业集群协同创新网络的含义，接着介绍了本研究报告所使用的主要理论基础即开放式创新理论和自组织理论。

第 3 章研究跨区域创意产业集群协同创新网络的类型、模式与演化。按照研究跨区域创意产业集群协同创新网络的构建类型，可将其分为政府主导型、市场需求自发型以及自发与政府导向协同型。接着阐述了研究跨区域创意产业集群协同创新网络的三重交互模式即嵌入式区域内部协同创新交互模式、区域间微观协同创新交互模式、区域间宏观协同创新交互模式。研究了跨区域创意产业集群协同创新网络的演化，按照弱整合阶段——半整合阶段——强整合阶段的顺序，依次阐述了各阶段演化过程呈现出的特征。

第 4 章研究了跨区域创意产业集群协同创新网络运作机理。在这一章中阐述了跨区域创意产业集群协同创新网络的复杂性特征。接着进一步阐述了其自组织类型和演化机理。随后分析了创意产业集群创新网络成长中企业协作策略选择过程，构建了演化博弈模型，并通过数值实验的方法，运用 Matlab 软件直观地分析了变量对演化结果的影响。最后，还阐述了跨区域集群协同创新网络与外部环境的协同演化过程。

第 5 章运用多维邻近理论，实证分析了跨区域协同创新网络构建的影响因素。本章内容阐述了多维邻近性对跨区域协同创新网络的影响机制，通过对长三角地区苏州、上海、杭州等地企业的问卷调查，运用验证性因子分析对所提出的 5 个邻近性维度进行验证，并在此基础上构建了跨区域协同创新影响因素的结构方程模型。

第 6 章介绍了国内外跨区域创意（创新）产业集群创新网络构建的经验。首先介绍了长三角一体化国家战略背景下的区域创意产业集群协同创新，其次介绍了粤港澳大湾区文化创意产业的协同发展现状和政策措施，最后介绍了跨丹麦和瑞典边界厄勒地区的医药创新产业集群的协同创新网络。

第 7 章主要对创意产业集群跨区域协同创新网络的政策制定进行了分析，主要阐述了政策制定的相关理论基础、政策演进的必然性以及创意产业集群协同创新网络成长的政策演进趋势，并在此基础上从企业创新方面、创意产业集群间协同创新网络构建方面、促进跨区域创意产业集群协同创新的制度政策层面三个层面提出了相应的政策建议。

第 8 章研究结论与展望。在文章结论中对本研究的内容和主要观点进行总结并指出本书的不足之处并提出了后续研究的方向。

1.3.3　研究方法

1. 文献阅读和调查访谈相结合

本书查阅和收集了国内外关于创意产业集群及其跨区域协同创新发展的大量文献，并在论文的写作过程中充分吸收和借鉴了已有的国内外相关研究成果，并对这些成果进行了较为全面的综述；与此同时，为了使理论研究有充分的事实依据，使研究结论更具有指导作用，在论文研究过程中，采用访谈和问卷调查等方式对跨区域的相关创意产业集群进行了实地调研，为论文的研究提供了翔实的数据资料。

2. 规范研究和实证研究相结合

本书对创意产业集群及跨区域协同创新网络的含义进行了全面系统的阐述，对跨区域创意产业集群协同创新网络的类型、模式和演化进行了分析，对其发展机理也进行了重点阐述，这些内容均具有较强的理论性。从跨区域协同创新的实践背景出发，借助于协同创新的理论观点，以长三角地区苏州、上海和杭州的企业为例，通过问卷调查并运用因子分析法找出跨区域协同创新的影响因素，在此基础上运用结构方程模型为实证研究方法，构建了跨区域协同创新的影响因素模型，从而较好地体现了规范研究和实证研究相结合。

3. 定性研究与量化模型验证相结合

通过对大量国内外研究创意产业集群协同创新的文献资料的阅读，本书对跨区域创意产业集群协同创新网络给出了一个较为全面的定义，同时还对该创新网络的演化发展也进行了较为全面的表述，这些内容都具有鲜明的定性研究特征。定量化研究主要体现在构建了创意产业集群创新网络成长中企业协作策略选择过程的演化博弈模型。通过问卷调查并运用因子分析法找出跨区域协同创新的影响因素，在此基础上运用结构方程模型为实证研究方法，构建了跨区域协同创新的影响因素模型，从而体现了定性研究与量化模型验证相结合。

1.4 研究的主要创新点

本书的主要研究成果可归纳为以下几点：

（1）解释跨区域创意产业集群协同创新网络的概念，即指不同地域间创意组织基于自身发展需求而主动与异地间有创新合作需求的组织展开协同创新，遵循开放式创新思想，积极消化、吸收、整合和转让创新资源，从而在跨区域间形成围绕创意产品创新的研发、协作体系以及复杂的创新网络系统。

（2）开放式创新理论是目前创新领域研究中较为重要的理论思想，运用该理论来阐释跨区域创意产业集群协同创新网络的产生和演化，显得较为恰当。跨区域协同创新整合过程就是基于开放式创新理论依次经历弱整合阶段——→中度整合阶段——→强整合阶段这三个演进阶段的过程。接着进一步分析了跨区域创意产业集群协同创新网络的三重交互模式也即嵌入式区域内部协同创新交互模式、区域间微观协同创新交互模式、区域间宏观协同创新交互模式。其中嵌入式区域内部协同创新交互模式是植根于区域内部并嵌入在其中的创新主体间的点对点交互模式，它又是跨区域协同创新网络体系中最基础层面的交互范式。区域间微观协同创新交互模式是指跨区域各创新主体间协同创新的点点交互模式，也是跨区域协同创新的初始模式，该模式存在于跨区域协同创新整合过程演进的各个阶段。而区域间宏观协同创新交互模式是指区域间创新网络的交互模式，也就是不同地域创新网络之间的网网交互模式，其中又涵盖了线线交互和面面交互。同时还分析了在该三种交互模式下协同创新呈现出的特征。

（3）构建了创意产业集群创新网络成长中企业协作策略选择过程的演化博弈模型。在创意产业集群的创新网络中，根据创意企业进入集群的先后顺序可将各类企业分为现任者和新进入者两大类。创意企业的这两种类别进而形成了可能存在于集群创新网络中的四种关系类型：①新进入企业—新进入企业；②新进入企业—现任企业；③现任企业—现任企业；④重复的现任企业—现任企业。通过分析这四种关系类型，构建了同类别和不同类别创意企业两类协作策略选择的演化博弈模型，通过分析发现影响创新网络中企业采取何种协作策略取决于协作成功的可能性、期望协作收益和协作成本这三个关键变量。通过数值实验的方法，证实了企业选择某种协作策略的概率、期望协作收益值以及企业双方协作成本等因素变动对演化结果的影响，发现通过转变政府的政策导向可以改变这些变量值，并使企业间协同创新行为朝着所期望的方向演化。

（4）基于多维邻近理论，分析了跨区域协同创新网络构建的影响因素。邻近性理论当前已经成为国内外学者研究跨区域协同创新的重要理论，以该视角分析跨区域协同创新网络构建的影响因素具有较好的理论和现实意义。以长三角地区苏州、上海和杭州的企业为例，通过问卷调查并运用因子分析法找出跨区域协同创新的影响因素，即地理邻近、组织与社会邻近、制度邻近和认知邻近。在此基础上运用结构方程模型为实证研究方法，构建了跨区域协同创新的影响因素模型，"认知邻近""地理邻近"

"组织与社会邻近"和"制度邻近"这四个潜在变量对"跨区域协同创新"潜变量均有影响,其中影响最大的是"认知邻近"潜在变量,这与课题组对动漫制作等高新企业进行访谈得出的结论相吻合。最后研究得出如下结论:认知邻近、地理邻近以及组织与社会邻近是影响跨区域协同创新的重要因素,更具体而言对于跨区域协同创新网络构建的制约因素则是跨区域企业间认知存在较大差异、区域间企业缺乏了解和信任以及缺乏各类协同创新平台等问题。

(5)针对跨区域创意产业集群创新网络发展的趋势,如何制定出符合当地发展状况的创意产业集群政策是公共部门决策者关注的焦点问题。课题基于演化经济学的观点,认为跨区域创意产业集群协同创新网络政策演进表现为随着创意集群间协同创新网络的演化发展,需要以不断修正和调整的政策制度对其加以引导和扶持,以促成网络构建和网络成长。本书选择政策实施的外部环境、政策制定者以及政策实施对象即集群间协同创新网络演化三个视角阐述政策演进的必然性。在此基础上,从三个层面阐述了创意产业集群协同创新网络成长的政策演进趋势,即微观层面——对企业的援助性补贴政策转为对企业动态创新能力培育;集群层面——从鼓励企业集聚转变为鼓励企业间创新网络的构建;政策制定过程层面——从政府部门独立决策转变为政府部门与企业部门共同决策。

(6)本书最后提出了针对跨区域创意产业集群创新网络发展的政策建议。这部分是本书研究的重点之一,包括三部分,第一从企业创新的微观层面,提出政府部门应当帮助创意企业提升知识吸收和应用能力;培育良好的企业创新氛围、提升企业创新能力;提升创意产业集群内、外企业间的信任度。第二从创意产业集群间协同创新网络构建的中观层面,认为应当从推动跨区域间联系的网络化;促进集群创新网络的动态成长以及培育跨区域间各类关联性组织等方面入手。第三从宏观管理的制度政策层面提出应体现国家意志,积极推进区域经济融合和一体化进程;探索构建区域一体化治理机制;进一步加快跨区域创意产业集群协同创新的基础设施建设;建立动态的政策评估及调整机制以及实施动态的知识产权保护策略。

第 2 章

创意产业集群协同创新
网络的相关理论概述

2.1　创意产业的相关概念

2.1.1　文化产业的含义

"文化产业"的提法源于德国的阿多诺（Theodor Adorno）和霍克海默（Max Horkheimer）在 1947 年出版的《启蒙的辩证法》中的"Cultural industry"①。在霍克海默等看来，文化与工业是相互对立且不可融合的，把文化进行工业化生产并使用商业化的运作机制是对文化价值的贬损。基于社会精英代言人的立场，霍克海默等一直认为文化是社会中少数精英创造并为上流社会所享有的精神产品。这种"文化产业"或是"文化工业"的称谓实质上是以霍克海默等为代表的德国法兰克福学派对当时使用现代技术手段对文化进行规模生产和销售以娱乐大众的行为表示蔑视的一种说法。

20 世纪 30 年代的经济危机在严重恶化美国经济状况的同时也为文化产业的快速崛起提供了契机。可支配收入的减少使得人们的娱乐方式也发

---

① Adorno T. and Horkheimer M. *Dialectic of Enlightenment* ［M］. London：New Left Books，1979.

生了极大变化。那些较为廉价的娱乐方式例如广播、电影和音乐等受到了人们的欢迎。美国政府采取的一系列扶助文化艺术相关行业政策不仅使大批文化从业人员重新获得了工作机会，更为美国培养了大量文化产业方面的优秀人才，从而为美国战后文化产业的快速发展奠定了坚实的基础。20世纪70年代以后，主要发达资本主义国家的产业结构发生了实质性的转变，创新型、知识型经济及服务业的比重越来越大，在这一转变过程中，文化产业扮演着越来越重要的角色。

联合国教科文组织将文化产业定义为"是按照工业标准，生产、再生产、储存以及分配文化产品和服务的一系列活动的行业。其运用的本质是无形的文化内容，这些内容基本上受到著作权的保障。"以上述定义为基础，联合国教科文组织认为文化产业包括以下内容：印刷、出版、多媒体、视听、唱片和电影生产，以及工艺和设计[①]。

英国的大伦敦市议会在20世纪80年代对文化产业下了一个正式的定义：（1）文化产业是那些没有稳定的公共财政资金支持，采用商业化方式运作的文化活动，是产生财富与就业的重要渠道。（2）文化产业是所有与文化有关商业活动的通称，其文化产品用于满足人们的消费需求[②]。

而法国对文化产业的定义是在文化产品大规模生产和商业化中有着更多产业功能且联合了文化创造和生产等的一系列经济活动。

我国学者也从不同视角对文化产业的内涵进行阐述，例如胡惠林（2005）认为，文化产业是一个横跨经济、文化和技术的综合性学科。是一个以精神产品的生产、交换和消费为主要特征的产业系统，是一个涵盖文化艺术业、新闻出版业、广播电视业、电影业、音像制品业、娱乐业、版权业和演出业的庞大体系。我国学者张曾芳认为（2002）文化产业不仅仅是指物化劳动过程市场化和企业化，更不仅仅是文化活动的创收和营利

---

① 高宏宇.文化及创意产业与城市发展——以上海为例 [D].上海：同济大学（博士学位论文），2007，7.

② 孙启明.文化创意产业的形成与历史沿革——文化创意产业前沿 [C].北京：中国传媒大学，2008.

问题，而且指文化生产的各个系统和环节有机关联并达到社会化、规范化、规模化的程度，是文化商品化、市场化由个体的、自发的局部行为上升到社会的、自觉的整体行为，是文化生产的企业化、工业化由量变到质变、由零散到系统的重大飞跃。花建（1998）认为，广义文化产业是指以物化的文化产品和各种形式的文化服务进入生产、流通和消费的产业部门，包括文化产品的制造业、文化产品批发和零售业、文化服务业。沈山（2005）认为可将文化产业从广义到狭义作四个层面的定义：第一层面是对文化产业最广义和最基本的定义即以文化价值和文化意义为基础的生产活动；第二层面是指艺术创作、传统的和现代的艺术作品、艺术展览和文化传播活动；第三层面是指与商业运作、听众和观众以及与艺术作品的传播扩大能力有关的商业活动；第四层面是对文化产业最狭义的定义：认为文化产业就是指那些把文化与艺术创作看作企业行为的文化企业。

还有学者认为，文化产业是从事文化产品生产和提供文化服务的以市场化方式经营的活动总称。文化产业从狭义说主要指文化艺术产业、娱乐服务业和广播影视业，而文化艺术业又包括艺术、艺术教育、出版、文物保护、图书馆、群众文化、文化艺术经纪与代理和其他文化艺术等行业，从广义说，表现为知识产业、教育产业、信息产业等一系列知识产业群①。另有学者认为可以把文化产业定义为生产和经营文化产品的企业群。这一定义包含以下几层意思：其一，文化产业是生产和经营文化产品的行业，因而与生产和经营物质产品的一般产业不同，具有特殊的精神或文化的属性；其二文化产业追求利润的产业属性使得它与公益性文化事业有着明显的差异；其三文化产业是与可以进行批量生产并产生规模经济效益的工业化、社会化大生产相联系的。

2.1.2　创意产业的含义

创意产业是在知识经济基础上发展起来的，而知识资本构成了创意产

---

① 马海霞. 文化经济论与文化产业研究综述［J］. 思想战线，2007（5）：111 – 118.

业兴起的基础和根本。从某种意义上说没有全球化的知识经济浪潮就没有新经济，没有新经济，就没有创意产业。创意产业是互联网时代文化、经济、科技一体化且三者相互融合创新的产物①。

联合国贸易与发展部长级会议（UNCTAD）对创意产业的定义是使用创意和知识资本作为主要投入的商品和服务的创造、生产和配置的一系列活动；这些活动通常以知识为基础并能通过知识产权获取收益；它包含有形产品和具有创意内容、经济价值的知识与艺术服务；是世界贸易中具有新活力的产业部门②。

联合国教科文组织在蒙特利尔会议上对创意产业定义："按照工业化标准生产、再生产、存储及分配文化产品和服务的一系列活动。"根据这一概念，创意产业包括物质形态的生产和服务两个方面，是指从事文化产品的生产经营活动以及为这种生产和经营提供相关服务的行业③。

著名经济学家罗默（P. Romer）于 1986 年撰文指出，新创意会衍生出无穷的新产品、新市场和财富创造的新机会，所以新创意才是推动一国经济增长的原动力。但作为一种国家产业政策和战略的创意产业理念的明确提出者是英国创意产业特别工作小组。

1997 年 5 月，英国政府提议并推动成立了创意产业特别工作小组。1998 年，英国创意产业特别工作组首次对创意产业进行了定义："源自个人创意、技巧及才华，通过知识产权的开发和运用，具有创造财富和就业潜力的行业。"根据这个定义，英国将广告、建筑、艺术和文物交易、工艺品、设计、时装设计、电影、互动休闲软件、音乐、表演艺术、出版、软件、电视广播等行业确认为创意产业④。

文化经济理论家凯夫斯（Caves）对创意产业给出了以下定义：创意

---

① 金元浦. 认识文化创意产业［J］. 中华文化画报，2007（1），4 – 9.
② Creative Economy Report 2008［R］. UNCTAD，2008：12 – 14.
③ 厉无畏. 创意产业导论［M］. 上海：学林出版社，2006，3.
④ DCMS. *Creative Industries Mapping Document*［M］. London：Department of Culture，Media and Sports，2001.

产业提供我们宽泛地与文化的、艺术的或仅仅是娱乐的价值相联系的产品和服务。它们包括书刊出版，视觉艺术（绘画与雕刻），表演艺术（戏剧，歌剧，音乐会，舞蹈），录音制品，电影电视，甚至时尚、玩具和游戏。凯夫斯力图描述和总结当代文化创意产业的特征。在他看来，文化创意产业中的经济活动会全面影响当代文化商品的供求关系及产品价格。无疑，创意产业的提出建立了一条在新的全球经济、技术与文化背景下，适应新的发展格局，把握新的核心要素，建构新的产业构成的通道①。

　　另一位经济学家霍金斯在《创意经济》（*The Creative Economy*）一书中，把创意产业界定为其产品都在知识产权法的保护范围内的经济部门。知识产权有四大类：专利、版权、商标和设计。每一类都有自己的法律实体和管理机构，每一类都产生于保护不同种类的创造性产品的愿望。每种法律的保护力量粗略地与本书上述所列顺序相对应。霍金斯认为，知识产权法的每一个形式都有庞大的工业与之相应，加在一起这四种工业就组成了创造性产业和创造性经济②。

　　学者厉无畏认为创意产业的出现是知识、文化在经济发展中地位日益增强的结果。创意产业内涵的关键是强调创意和创新，从广义上讲，凡是由创意推动的产业均属于创意产业，通常把以创意为核心增长要素的产业或缺少创意就无法生存的相关产业称为创意产业③。

　　学者王缉慈认为创意产业可以定义为具有自主知识产权的创意性内容密集型产业，包括三层含义：第一，创意产业来自创造力和智力资产，因此又称作智力资产产业（IP 产业，intellectual property industry）；第二，创意产业来自技术、经济和文化的交融，因此创意产业又称为内容密集型产业（content-intensive industry），而且是具有自主知识产权的内容密集型产业；第三，创意产业为创意人群发展创造力提供了根本的文化环境，因此

---

① Richard Caves, Creative Industries ［M］. Cambridge Mass：Harvard University Press，2000.

② 霍金斯．创意经济 ［M］. 上海：上海三联书店，2006.

③ 厉无畏．创意产业导论 ［M］. 上海：学林出版社，2006，4.

又往往与文化产业（culture industry）概念交叉使用①。

学者荣跃明认为从创意产业与文化产业的关系看，创意产业脱胎于文化产业，从某种意义上可以说是艺术生产的一种业态，早期的创意产业被称为文化创意产业，这暗示了创意产业与文化产业的渊源关系②。

学者金元浦认为文化创意产业是在全球化条件下，以消费时代人们的精神文化娱乐需求为基础，以高科技技术手段为支撑，以网络等新传播方式为主导的，以文化艺术与经济的全面结合为自身特征的跨国跨行业跨部门跨领域重组或创建的新型产业集群③。

学者张晓明（2005）认为，文化创意产业是文化产业发展到新阶段的产物，文化产业是文化与经济融合的产物，而文化创意产业是文化与经济融合的一个崭新阶段④。

综上所述，一般认为创意产业就是以创意作为核心元素，将其投入与之相关的创意产品的生产和配置等一系列过程而形成的产业链。

2.2 创意产业集群的内涵

2.2.1 创意产业集群的概念

早在 20 世纪 70 年代由国外学者查曼斯基（Czamanskis，1974）将集群概念引入经济学中，提出了产业集群（industrial cluster）的概念，1990年美国的波特教授在《国家竞争优势》一书中重新提出产业集群的概念。波特教授指出产业集群是由与某一产业领域相关的相互之间具有密切联系的企业及其他相应机构组成的有机整体。产业集群不仅强调这些上下游企

---

① 王缉慈. 文化创意产业形成有其自身发展规律 [J]. 中国高新区，2008 (3)：17.

② 荣跃明. 超越文化产业：创意产业的本质与特征 [J]. 毛泽东邓小平理论研究，2004 (5)：18 – 24.

③ 金元浦. 文化创意产业的多种概念辨析 [J]. 同济大学学报（社会科学版），2009，20 (1)：47 – 48.

④ 张晓明. 创意产业在中国的前景 [J]. 投资北京，2005 (8)：56 – 63.

业之间的分工协作，而且强调企业与当地政府及其他支持机构之间的竞争和合作关系，结成区域创新网络并具有很强的地域性，从而能够促进集群的不断发展和升级①。

　　而产业集聚（industrial agglomeration）是指同一类产业或不同类产业及其在价值链上相关的、支持的企业在一个地区的集中与聚合，以获得规模经济和范围经济并降低成本，强调的是产业集中的现象，最终不一定形成产业集群；产业集群不仅强调这些上下游企业之间的分工协作，而且强调企业与当地政府及其他支持机构之间的竞争和合作关系，结成区域创新网络并具有很强的地域性，从而能够促进集群的不断发展和升级。

　　学者陈倩倩、王缉慈认为创意产业集群内的企业和个人高度集聚，创意企业间存在密切的联系，形成本地生产网络。创意者个人被该环境吸引，形成创意产业的主导力量——创意阶层。而创意阶层又能够加强该环境的创新氛围，新的产品、设计和营销能为本地带来丰厚的利润，使地方基础效率设施的建设有了物质保障，能吸引更多的创意者来到该区域②。

　　而学者李蕾蕾则认为创意集群是由艺术家和创意阶层、文化艺术公司、项目生产、社会网络、创意环境、知识、信息和创新机制等融合一体、占据一地的复杂生态系统③。

　　综上所述，可将创意产业集群简单定义为一定地理范围内相互临近且相互联系的创意企业之间存在积极的沟通、交易渠道，相互进行交流与合作的创意产业领域的企业群。

2.2.2　创意产业集群的特征

2.2.2.1　集群地理位置的特殊性

传统产业集群通常会从节约交易成本的角度入手去选择地理位置，因而

---

　　①　迈克尔·波特著. 国家竞争优势 [M]. 李明轩，邱如美译，华夏出版社，2002.
　　②　陈倩倩，王缉慈. 论创意产业及其集群的发展环境——以音乐产业为例 [J]. 地域研究与开发，2005，24（5）.
　　③　李蕾蕾. 文化与创意产业集群的研究谱系和前沿：走向文化生态隐喻 [J]. 人文地理，2008（2）：33－38.

一般都会出现在交通运输便捷、劳动力成本低廉的地区。与传统工业集群不同，文化创意产业集群通常选择在历史文化底蕴深厚、城区基础设施便利以及拥有大量创意人才的城市扎根。在这些城市中，创意人才汲取着城市文化的精髓，触摸着城市发展的脉搏，构思着无穷的创意，因而可以说丰厚的文化积淀为创意萌生提供了充足的"养料"，这是形成创意产业集群的前提条件。创意阶层通常将工作与生活相结合，他们特别重视工作的意义、灵活性与愉悦性，讲究生活的自由、轻松和休闲。他们既在那里工作，也在那里生活。对于创意阶层而言，他们既生产创意产品，同时也消费创意产品。创意产业集群内含了创意个体的工作环境和生活环境，是有非营利企业，文化机构，艺术场所，媒体中心和生活着不同类型艺术家的集群。它既是工作的地方，又是生活的地方；既是文化生产的地方，又是文化消费的地方①。因此创意产业集群往往出现在城区，因为这里既是创意生产的核心区域，同时也会成为创意产品的市场交易中心。例如纽约、伦敦、东京以及香港等技术发达、人才密集和高度开放的国际大都市无一例外都是创意产业集群较为发达的地区，这些地区具有优越的区位条件和丰富的高级生产要素优势。

2.2.2.2 跨行业积聚的特性

创意产业集群的企业通常具有较大的跨行业特征，实质是由若干个子产业构成的一个产业集合，在这个产业集合内部，不同的子产业相互关联，或间接或直接的发生组合。其主要构成包括相关文化艺术创意设计方面的企业、从事创意产品生产的企业、为文化创意等内容产品提供载体的组织如音像、出版、传媒、广告、报刊等机构以及提供高科技技术支持如数字网络内容产业方面的企业等，这种构成对于开放集群内企业间的动态联系，构成立体的多重交织的产业链环，形成综合融汇的集群效应。这些不同行业之间的企业虽然无法获得同一产业价值链上的知识共享与交流，但不同行业的公共知识是交流的基础，不同行业知识的多样性与异质性丰

---

① 曾光，张小青. 创意产业集群的特点及其发展战略 [J]. 科技管理研究，2009（6）：447–448.

富了集群内的创意知识元素，促进集群的发展。而随着信息技术和网络技术的发展，创意产业的存在形态也在发生质的变化，各行业之间的界限日益模糊，这也促成了跨行业经营企业的出现。

2.2.2.3　集群主体的创新性突出

支撑创意产业集群的关键要素在于其集群主体的创新和创意性，即集群主体是具有创造性的人和企业，也可称为创意阶层和创意企业。这些集群创新主体的工作就是"创造新观念、新技术和新的创造性内容"。与普通人才相比这些创意人才通常拥有较高的文化素质、科技能力和独特见解，并富于想象、敢于创新。而创意企业与传统企业相比也有较为突出的创新性：一是企业员工主要是知识型劳动者，是拥有能激发出创意灵感的设计、创作的高级专业人才；二是企业家是一个集诸多技能于一身的复合型人才，能有效对性质迥异的企业资源进行整合，进而提升企业创意能力；三是企业以生产符号和象征性产品或服务为主，其产品或服务具有一定的文化价值、艺术价值或娱乐价值①。

2.2.2.4　创意人才的先导性

传统的产业集群首先是企业集聚，然后企业吸引人才。在创意经济时代，创意人才成为创意产业集群发展最重要、最活跃的资源，成为创意企业和投资接踵而来的先决条件。理查德·弗罗里达（Richard Florida）通过美国有创造力的人在区位选择方面的研究说明，"过去是公司区位吸引了人，现在是有创造力的人吸引公司；区域经济发展依赖有创造力的人，公司将会搬到有创造力的人居住的地方"。受创意人才区位的影响，国内外许多成功的创意产业集聚区都是紧邻当地著名大学，并依托大学共同发展起来的。创意人才的先导性还突出地表现在自下而上的市场自发型创意产业集群模式上。这种模式通常先是少数艺术家选中某个适宜地方，进而带来众多艺术家和艺术机构的自发集聚，并且集群所产生的知识外溢、学习

---

① 盈利. 创意产业集群网络结构研究 ［D］. 北京：北京交通大学（硕士学位论文），2008：35 - 36.

效应、网络创新效应进一步形成集群的自强化机制，循环累积的因果关系导致创意集群在某一区域被锁定①。

2.2.2.5　集群的网络特性

创意产业集群的发展需要大学、研究机构、政府和金融机构提供必要的人才、技术、政策和金融支撑，因而在创意产业集群内由文化创意企业、大学、研究机构、地方政府等组织在交互作用和协同创新过程中，彼此建立其各种相对稳定的、能够促进创新、正式或非正式的关系，表现出了很强的网络特征。因此，创意产业集群表现为数量众多的创意企业及相关的机构在空间上聚集，其中相关的机构包括创意企业、非营利性企业、行业协会、法律顾问、金融部门、教育机构、地方政府等，从而形成了一种正式的网络结构。另外，大多数创意企业是由创意人才、艺术家和拥有较好创作技能的人创办的，这些企业规模通常较小，多以中小企业甚至是微型企业为主，创意集群的网络化能为这些依赖于本地隐含知识获取和以项目合作为主要工作机会的中小创意企业带来明显的集体效应力，这反过来又进一步促使创意企业和个人因学习和合作关系而互相结成网络结构。

2.3　跨区域创意产业集群协同创新网络的含义

传统产业集群通常会从节约交易成本的角度入手去选择地理位置，因而一般都会出现在交通运输便捷、劳动力成本低廉的地区。与传统工业集群不同，创意产业集群通常选择在历史文化底蕴深厚、城区基础设施便利以及拥有大量创意人才的城市扎根。

创意产业集群的关键要素及其本质特征还是在于其集群主体的创新和创意性，即集群主体是具有创造性的人和企业，也可称之为创意阶层和创意企业。这些集群创新主体的工作就是"创造新观念、新技术和新的创造

---

① 曾光，张小青. 创意产业集群的特点及其发展战略 [J]. 科技管理研究，2009 (6)：447 – 448.

性内容"。因而创意产业集群就是典型的创新产业集群。

创意产业集群的企业通常具有较大的跨行业特征，实质是由若干个子产业构成的一个产业集合，在这个产业集合内部，不同的子产业相互关联，或间接或直接的发生组合。其主要构成包括相关文化艺术创意设计方面的企业、从事创意产品生产的企业、为创意等内容产品提供载体的组织如音像、出版、传媒、广告、报刊等机构以及提供高科技技术支持如数字网络内容产业方面的企业等，这种构成对于开放集群内企业间的动态联系，构成立体的多重交织的产业链环，形成综合融汇的集群效应，在集群内形成了交互复杂的生产协作网络和协同创新网络。也就是说一个创意产业集群本身就是一个协同交互的创新网络。

创意产业集群内的创意企业主体由于创新资源的有限性，从而会导致集群内企业所构成的协同创新网络创新绩效不高，从而阻碍了该集群创新能力的不断提升。而随着城市基础设施不断完善，地理位置较为邻近的跨区域创意产业集群之间的创新协作逐渐增多，企业基于自身发展需求，与本地以外的企业开展更为广泛的协同创新，从而产生了区域之间（跨区域）广泛的协同创新网络，由于跨区域间的统筹、调配和整合创新资源比仅仅局限在某个地域更能引致创新行为，从而能进一步提升创新成功的可能性。

因而可以认为跨区域创意产业集群协同创新网络是指不同地域间创意组织基于自身发展需求而主动与异地间有创新合作需求的组织展开协同创新，遵循开放式创新思想，积极消化、吸收、整合和转让创新资源，从而在跨区域间形成围绕创意产品创新的研发、协作体系以及复杂的创新网络系统。

2.4　相关理论基础

2.4.1　开放式创新理论：跨区域协同创新网络演进阶段分析的理论基础

2.4.1.1　开放式创新的含义

传统观念认为一个产业或一个企业的创新活动是通过使用它们内部的

娴熟劳力、对研发过程的投资以及使用知识产权保护机制等并从这些活动和投资中获得合理回报的过程。而对创新过程持开放思想的观点则认为单一组织难以在与外部环境相隔绝的环境中孤立地开展创新活动,实施开放式创新会产生如降低创新成本、获得创新的关键资源以及可将闲置不用的知识和技术予以商业化等诸多益处,因而其成为许多国内外学者研究的热点。学者切丝布洛(Chesbrough,2003)认为企业要想始终处于竞争的前沿则必须与不同类别的伙伴通过交互方式建立关系,并以此获得来自外部环境中的思想和资源。开放式创新实施的前提条件是企业边界刚性的打破——即具有可渗透性,通过可渗透的企业边界进行思想、资源、人才的内外部流动。外部企业创新资源的输入极大地拓展了企业整合自身所拥有的碎片化知识储备和潜能的机会,并能影响到一个企业对内部研发的投资。在对开放性的定义上,切丝布洛(Chesbrough,2003)认为开放式创新是一种范式,该范式是以企业既利用内部资源又利用外部资源、既利用内部路径又利用外部路径通向市场为特征,以致企业能获得在技术上的竞争优势。而国内学者王振红(2013)认为开放式创新是一个将外部多元化信息融入企业内部、将内部信息耗散给外部的有机过程,随着范围、逻辑关系的扩大风险也随之增加。学者彭正龙、王海花等(2010)认为开放式创新模式是企业与外部组织进行异质性资源共享的催化剂,通过利用组织内外部技术和市场等创新资源,通过创新项目适度地向外界组织开放,以获取外部组织的多维度支持,从而对企业的创新绩效产生正向效应。简言之,开放式创新就是指公司和外部伙伴交换思想、知识和技术等,为了提高和改善在创新过程中的效率、效果以及进行风险管理而实施的与外部协作式的创新活动。

2.4.1.2 开放式创新的类别

国外学者莱纳斯·达兰德以及戴维·M. 凯恩(Linus Dahlander and David M. Gann,2010)在《创新是怎样开放的》一文中,将创新过程的开放性依照创新过程企业内外部资源流动的方向性以及是否获取物质回报这两个维度将创新归为四类,即揭示(Revealing)、售出(Selling)、获得

（Sourcing）、购买（Acquiring）。

1. 揭示——非获利性外向式创新

这种开放性是指向外部环境揭示企业内部资源，其主要适用于企业在没有直接经济回报的情况下向外界披露企业内部资源的状况。许多企业拥有的新创意和想法有时并没有被专利制度所保护，此时外部竞争者可以借鉴此类信息并将其融入本企业的创新活动中，这能增强企业创新成功的可能性。企业有选择地向外界披露自身内部的技术可能更容易获得外部竞争者的好感和信任，从而产生更实质性的合作。在一种弱知识产权保护制度的市场氛围中，对企业内部技术资源的开放性披露增加了其他企业从中获益的机会。当然其很明显的缺陷在于企业无法获得其他获利企业的任何回报，而且市场上的竞争者更可能将此类技术和信息糅合进自身创新过程，从而有效提升创新绩效，成为企业有力的竞争者。

2. 售出——获利性外向式创新

是指企业通过将自身资源出售或许可其他企业使用的方式对企业的新创产品和技术予以商业化。一些企业因有着对研发过程的有效激励而形成了大量闲置的专利技术，这使企业的研发投入得不到及时补偿，而通过出售或是向其他企业发放许可证等手段能使企业研发投入得到商业化补偿。对开放性的这一类别来说，当企业向外部竞争者或是潜在顾客展示产品和技术时会造成知识外泄，从而使竞争者能在不付费的情况下获取自己所关注产品和技术的关键信息，这使企业一般不愿向外部揭示其拥有的技术信息。另外，这种出售或是向外发放许可证的技术难以评估其市场的潜在价值以及技术交易过程中高额的交易成本都构成了市场技术交换的障碍。

3. 获得——非获利性返回式创新

该种开放性类别是指企业如何使用企业外部创新资源。切丝布洛（Chesbrough，2006）认为企业对于外部环境的搜寻总是先于其内部的研发工作。如果能从外部环境获得所需的思想和技术，企业将优先采用。企业研发机构充当着将外部思想和机制加以评价和内部化并使它们能与企业内部过程相匹配的媒介（Freeman，1974）。获得外部的知识技能一直被认为是创新过程中的一个极为重要的因素，那些设法在其自身过程和外部环境所获思想之间建立协同的企业也许能从外部的创新思想中获益并生产出能获利的产品和服务。

4. 购买——获利性返回式创新

是指通过市场方式获得创新过程中企业外部资源的输入，企业从开放中获得外部专门技能和技术。但在企业创新过程中获取外部资源需要专业知识和技能，专门知识用来对企业所需的外部资源进行搜寻、甄别和评价，从而便于企业购买有效外部资源。也就是说，开放的有效性是依照本企业所掌握的专有知识和技能与所吸纳外部知识的对接程度而定。

2.4.2 自组织理论：对集群发展机理的解释

自组织理论是在 20 世纪 40 年代所产生的系统论、信息论、控制论以及 60 年代产生的耗散结构理论、协同论和突变论等理论的基础上综合而成的以研究自组织现象、规律为对象的学说。换句话说，它到目前为止还没有形成统一的理论，而是由一组理论所构成。包括：普里高津创立的"耗散结构理论"、哈肯创立的"协同学理论"、托姆创立的"突变数学理论"、艾根等创立的"超循环理论"以及"分形理论""混沌理论"等。尽管这些理论的研究对象不同，但是都具有共同特征，即它们都是非线性的复杂系统，或非线性的复杂的自组织形成过程。

"协同学理论"的创立者哈肯于 1976 年首先提出"自组织"的概念，他认为如果一个体系在获得空间的、时间的或功能的结构过程中，没有外界的特定干涉，我们便说该体系是自组织的。随后"耗散结构理论"的创立人普里高津和其同事在建立"耗散结构"理论和概念时也使用了"自组织"一词，并且用这个概念描述了那些自发出现或形成有序结构的过程。

自组织是自然界和社会经济系统长期演化选择和形成的进化方式。它是自然界各子系统在演化过程中形成的，所谓自组织系统即指：无需外界特定指令而能自行组织、自行创生、自行演化，能够自主地从无序走向有序，形成有序结构的系统。而自组织系统的自组织能力又根源于自组织系统内部的结构、机制。自组织系统通常都包含着大量的元素和亚系统。这些元素和亚系统在环境作用的推动下彼此之间发生着复杂的非线性相互作用，其又形成了某种反馈调节机制，于是元素和亚系统之间产生了彼此协同的、合作的、集体的运动。系统被有序化、组织化，成为有机整体，呈现出整体上的特性和功能。自组织理论提出一系列关于研究自组织系统或自组织过程的基本原理：开放性原理、非平衡性原理、非线性原理、反馈原理、不稳定性原理、支配原理、涨落原理、环境适应性原理等。利用这些原理可以对系统的自组织性或自组织过程进行判定，它们完整地给出了系统自组织条件、机制、途径等判别的方法和依据。

第 3 章

跨区域创意产业集群协同创新
网络的类型、模式与演化

3.1 跨区域创意产业集群协同创新网络的类型

3.1.1 *政府主导型*

政府主导型跨区域创意产业集群协同创新网络就是通过相邻的各区域之间政府部门进行顶层设计，构建一体化的政府办公机构来协同领导整个大区域的创意产业的发展。即希望通过制度传导机制，利用产业政策倾斜和提供公共服务等政策工具，促使创意产业集聚区互通互联，相互快速嵌入并高速发展。这是由于跨区域城市产业结构升级和城市功能空间转换与能级提升等需求导致的必然结果。这种由政府通过创建文化和技术硬件设施，吸引创意人才入驻，从而发展跨区域创意产业集群协同创新的模式称为自上而下政府导向型跨区域创意产业集群协同创新网络构建模式。政府在创意集聚区的跨区域协同创新的过程中的主导作用表现为两个方面：第一，相邻地区的政府部门间通过联席会议协商构建一体化政府办事机构来统一领导跨域创意产业集群协同创新网络的构建，由政府选定有潜力的创意文化空间和技术空间，开辟跨域合作的先行示范区，拉近不同地区间创意类企业的联系，积极促成彼此间的合作，第二，通过政策引导、扶持更多地区创意集群开展合作，从而产生叠加效应，最终形成跨域范围内的创意产业集群构建协同创新网络。

3.1.2 市场需求自发型

市场需求自发型是以区域经济一体化对跨区域创意产业集群协同发展的内在需求为动力，在一定区域内依靠市场力量自发形成和发展的跨区域创意产业集群协同创新的现象，由于其驱动力和成长方式是内生性的，因而其演化路径也可称为内生驱动型，这些内生性跨区域创意产业集群协同发展不仅与市场、文化、经济条件、城市空间、城市发展水平直接相关，还与经济全球化、区域化和技术条件的触动因素有关。由于该种新兴经济现象都是一些未经发展印证的新鲜事物，所以政府在最初并未制定充分的激励政策。当其发展到一定程度时，跨区域间协同创新而产生的市场效益和社会效益促使政府加以扶持。该类型是以跨区域间企业间的组织相邻性诱发，也就是组织间在知识、技术、信息以及人才等多维度上的互补性导致相互间跨区域合作，随着合作关系的不断延展，跨区域间创意组织间的创新合作网络也逐步构建，这种创新协作网络进一步吸引研发和艺术创作人才来此集聚，从而形成这种协同创新网络不断演化成长。这种网络形成发展方式是自下而上的一种发展路径。

3.1.3 自发与政府导向协同型

跨区域创意产业集群协同创新网络实质是一种跨边界的协同创新系统，构建初期是由创意创作人士、设计师、工程师等创意人员自然的集聚现象，那么，当协同创新网络发展到一定阶段，社会对其创新功能和价值创造有了更多的认同，开发商、投资商、管理者等社会力量就会更多地加盟到这个跨边界的协同创新系统中来，此时，政府为规范其发展也介入进来。自发与政府导向协同型是一种多动力推动下市场和制度、机制共同作用、多指向的模式。市场需求是引发政府推动的初始动力，政府或投资商选择创意空间以后，以招标的方式吸引管理者来经营创意集聚区。管理者再通过招租吸引特定的创意企业入驻创意空间，创意企业在创意集聚区内入驻并集聚发展而形成网络和创新效应。创意集聚区以及跨域间创意协作空间的发展又会赢得政府更多的关注和政策倾斜。总体而言，市场、相邻地区政府部门之间、创意人才、投资者与管理者之间通过相互合作获得共赢，市场进一步开发和扩张、政府部门得到了税收、相邻区域都得到了发展、创意人才得到了创新创业的空间和平台、投资者和管理者得到了租金和投资回报。

3.2　跨区域创意产业集群协同创新网络的三重交互模式

3.2.1　嵌入式区域内部协同创新交互模式

该种模式反映了图3-1中A类协同创新交互模式。该模式是指区域内的各类创新主体包括创意企业、高校和科研机构等基于开放式创新下点对点的交互式协同创新行为。这种区域内各创新主体间的点点交互源于区域的外部政策助力和各创新主体基于自身利益而参与合作的内在动力。这种植根于区域内部并嵌入在其中的创新主体间的协同创新交互模式是跨区域协同创新体系中最基础层面的交互范式。该范式具有如下特征：（1）地域相邻性，这种因地域空间距离临近而产生的功能性相近使创新主体的交互合作成本大为降低，大大增强了创新主体间的合作机会。（2）地域文化背景相似性，植根于当地的创新主体有着大体相似的价值观念和行为特征，即便是新迁入企业也会随着时间推移而具有当地文化基因，各创新主体间的信任在这种文化氛围中得以产生和发展。（3）当地社会关系网络的亲缘性，这种网络的亲缘性是指区域内各创新主体间因亲缘关系或是合作历史而建立起来的协同创新合作网络，其有利于各创新主体开展交互式创新活动。区域内各创新主体基于开放式创新，频繁进行着揭示、售出、获得、购买等不同类别的交互式创新活动。

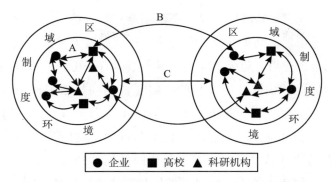

图 3 - 1　跨区域创意产业集群协同交互式创新模式示例

3.2.2　区域间微观协同创新交互模式

该种模式反映了图 3 - 1 中 B 类协同创新交互模式。该模式是指跨区域各创新主体间协同创新的点点交互模式，也是跨区域协同创新的初始模式。该模式存在于跨区域协同创新整合过程演进的各个阶段。其产生是基于以下因素：（1）区域外创意企业资源的互补性，即由于区域内创新资源的有限性使创意企业需要从本区域外部寻找相关资源，创新的内驱力是企业寻求跨区域协同创新的根本动力。（2）信息技术快速发展以及区域空间基础设施的不断完善，使不同区域间的功能性相近度增强，其导致交易成本不断降低。但尽管如此，跨区域开展合作的难度依然要大于区域内创新主体之间的交互合作，因为跨区域间的功能型相近程度要远低于同一区域内部，这成为不少跨区域创意企业开展合作的重要障碍。在协同创新的弱整合阶段，跨区域组织间建立的创新连接稳定性较弱，这是缺乏跨边界共同遵守的管理机制以及值得信赖的跨边界领导力的缘故。植根于不同文化社会环境中的企业组织会因机会主义思想而使自身在合作行为发生时偏离预定目标，尽力使自身在合作中获取最大利益并减少合作成本，因而这种跨区域建立的连接由于边界刚性的存在而呈现出一定的脆弱性。但随着跨区域协同创新过程的演进，尤其是在协同创新的中度和强整合阶段，随着空间距离因基础设施的不断完善而导致了区域间更高程度的功能型相近，而这反过来又促进了跨区域间的关系型相近。随着跨区域文化和身份背景的不断融合，出现了众多的能克服文化、社会制度差异的关联性组织。关联性组织的出现使更多跨区域的微观组织个体有了更好的外在激励，进一步消解了仅限区域内部开展合作的强路径依赖并打破了区域内部的制度锁定，从而刺激了更多跨边界微观层面的交互行为。而随着跨区域合作的不断深入，创意企业间的相互信任不断增强，这使企业间所建立的创新连接的脆弱性得以改变，这些不断稳固的创新连接又为区域间创新网络之间的融合创造了条件，促进了跨区域间宏观协同创新的开展。

3.2.3　区域间宏观协同创新交互模式

该种模式反映了图 3-1 中 C 类协同创新交互模式。该模式是指区域间创新网络的交互模式，也就是不同地域创新网络之间的网网交互模式，其中又涵盖了线线交互和面面交互。线线交互是指在跨区域的不同组织所建立的创新连接基础上形成的各种连接之间的交互活动。线线交互会产生创新协作关系的交叠和扩展，从而有效增强了企业创新过程中各类资源的延伸，进一步加速了企业对创新资源的整合，进而提升了企业创新成功的可能性。而面面交互，是指某一地域创新网络在与其他地域创新网络的竞争合作中从事交互式学习创新，在跨区域创新网络系统之间形成的全面开放式交互模式。该交互模式体现出如下特征：（1）跨区域之间创新资源的双向交互流动频繁。随着跨区域协同创新整合过程的演进，尤其是在强整合阶段，跨区域间的联系体现为一种具有拓扑结构的虚拟化创新协作网络，在该网络中实现了包括资本、人才、信息和技术等区域间创新资源的快速流动，这种流动不断削平异地之间创新的"位势差"，使区域之间经济发展质量实现趋同，反过来，这又成了区域之间文化和制度层面的融合基础①。（2）区域间管理机制的融合需求进一步增强。区域间相互割裂的政府管理机制是阻碍区域间市场一体化不断加速的重要因素，尽管在某一

---

① 金丽国. 区域主体与空间经济自组织 [M]. 上海：上海人民出版社，2007，9 (1).

创新网络内部存在着知识共享和信任关系，但在与其他创新网络的个人与组织层面的互动中，他们依然是机会主义者，当对他们有利时就会破坏彼此建立的规则，机会主义行为的出现如果没有有效措施予以制约，那么这种跨区域协同创新的自组织行为就会逐渐停止，从而阻碍了跨区域协同创新过程以及区域间一体化进程①。区域间管理机制融合的可实现路径则是在相互协同的区域间构建一个具有管理权威的新共同主体，即区域协调组织，其应具有投资和规划等法定决策权利，通过该组织的运转实现区域间协同创新过程效率的提升。

3.3　跨区域创意产业集群协同创新网络的演化

首先有必要阐释跨区域之间功能型相近和关系型相近的含义。功能型相近是指关于物理距离和可达性程度的问题，其与集聚经济的地理维度、交易成本和交通成本等密切相关。通常在创新过程中的知识交流尤其是需要面对面交流默示知识时，更显示出功能型相近的重要性。就功能型相近而言，跨区域创新参与者之间的空间距离的大小并不构成其是否合作的主要因素，而关键因素是交通基础设施的便利性以及行政管理机制的灵活性，其直接决定了创新要素的流动是否顺畅。关系型相近是指非有形多种维度的相似程度。比如认知的、组织的、社会的、制度的、文化和技术的相近性。关系型相近总是与结构、关系、过程等相关，而这些因素又是源于能共同构成社会行为根植性的社会驱动力、治理结构、规制和文化身份等方面（Granovetter，1985）。实践也证明在这些关键的市场主体之间关系型相近达到某种程度是跨区域主体进行有效知识交换和合作的必要条件。跨区域协同创新整合过程依次经历了弱整合阶段——→中度整合阶段——→强整合阶段这三个演进阶段。具体如下：

---

① 霍奇逊主编，贾根良等译，制度与演化经济学文选：关键性概念 ［M］. 北京：高等教育出版社，2005，8（1）.

3.3.1 弱整合阶段

学者伦德奎斯特和特里普（Lundquist and Trippl, 2013）认为跨边界弱整合系统包含两种情况：一种是跨边界两边的区域创新系统之间无任何协同性活动，另一种是边界两边的创新系统之间存在着很弱的协同性。弱整合系统是以仅拥有相对较低的跨边界互动水平和很少的跨边界创新联络为主要特征。究其原因包括对跨边界合作行为的较低社会认可度，合作主体在国家和区域创新系统中具有很强的嵌入性以及跨边界地区的制度差异和制度薄弱性，弱整合阶段是以跨区域经济关联的较低水平以及缺少知识交互和创新联结为其主要特征。因而，跨边界合作行为依然未得到充分利用。首先，非一体化是跨边界协同关系缺乏的结果，一方面在科技水准、知识基础和经济结构等方面存在较大差异从而使跨区域间创意组织的交互行为难以产生，因为双方均不能从交互行为中获得益处。另一方面，区域间如果有着较为相似的知识基础和认知相近，同样也难以开展有效协同，从而使创意组织之间的合作关系难以建立，最终导致在交互式知识协作方面发展滞后。其次，空间距离阻止了联系的建立。较远的空间距离使得跨边界协作会产生较高的时间成本，这就会危及因跨区域整合而扩大的集聚优势里所能获得的潜在协同性收益的可能性。隐性知识的学习过程依赖于频繁的面对面接触，较大的地域空间距离强烈地阻碍了跨边界学习过程的出现。最后，制度差异也是区域间缺乏协同性的关键因素。制度差异既包括像法律、规制这种硬制度的差异也包括共同文化背景和语言等方面软制度的差异。植根于不同制度环境下的创意企业具有较强的制度路径依赖和制度锁定效应，尽管这种植根性能降低区域内合作伙伴的搜寻成本并减少不确定性，但反过来该种植根性又增加了跨边界创意企业间建立信任的难度，从而成为跨区域协同创新的重要阻碍因素。这又直接导致了跨边界区域的"制度薄弱"，即边界两端的创意企业缺少共同的跨边界制度约束以及缺乏值得信赖的跨边界领导力。

但这种情况可以通过政策工具加以解决，也可以由企业进行开发，因为通过跨区域合作会使企业获得很显著的积极回报。相比之下，在没有协同作用的弱集成系统的情况下，边界在相邻区域之间充当了如此强大的屏障，以至于边界双方几乎无法从相互学习中有所收益，抑或是边界双方的组织有着太多相似性，从而缺少彼此所需求的互补性知识和信息也会导致边界双方缺乏协同作用。正如学者伦德奎斯特和特里普（Lundquist and Trippl，2013）所说，当边界仅是物理屏障和法律法规相关差异时，该情况下跨边界地区的协同行为可以通过发展更好的交通基础设施和组建跨边界统一治理组织来得以增强和提升。而当边界成为认知、文化和语言习俗等差异的标识时，跨区域间进一步融合就需要较为长期的持续努力，而在这种持续努力下，边界融合的结果依然具有较强的不确定性。

3.3.2 半整合阶段

该阶段是以被称为知识驱动系统的出现为主要特征，跨边界两边的创意企业主体知识水平的不对等性在降低，而企业能得到新的具有互利性质的联系。跨边界的联系和知识交互的不对等性依然是此阶段的重要特征，但这种不对等性随着跨区域间的一体化进程的演化而不断减少并且边界两边的创意企业因合作的需要而变得更为开放。这些更多的交互式联络通常发生在那些具有相似科学基础和经济结构且有着较高水准的认知和功能相邻性的区域之间。这种正在出现的知识整合仅仅是跨区域创新过程的单一步骤，而且因这些知识的整合而产生的创意企业间关联更可能是集中于跨区域内有选择的部分地带，在这些地带形成了单一的高度网络化的跨边界创意产业集群，而其他区域此类关联依然未建立，也就是说此时在跨边界所构成的创新网络依然未成为系统和区域整体范围的经济现象，这种跨区域的创新活动被描述为在跨区域空间中较为碎片化的且相互隔绝的"创新孤岛"。这些"创新孤岛"在跨区域协同创新过程中扮演着重要角色并成为其重要驱动力量。与前一阶段相比，此阶段空间距离的可达性已经不能成为跨区域交互行为的主要障碍了。该阶段可以看到研发设计等各类创意人才互换的状况不断增加，科技合作得以增强，产学间关联度不断提升，组织结构的跨区域网络化初步形成。与前一阶段相比，关联组织的出现、对于跨边界合作项目越来越多的认可以及市场合作组织之间对于一体化程度增加而产生潜在利益的共识增大，这些都消解了之前强路径依赖的状况并对制度进行了"解锁"，从而刺激了跨边界层面的交互行为。

3.3.3 强整合阶段

此阶段是实施创新驱动跨区域整合战略的最高层次和最终目标，同时也是最终实现形式。在该阶段，跨边界两边的区域创新系统逐渐融合为一体。这种跨边界的强整合阶段是以跨边界大量的知识和专业技能等的流动、人力资源的大量自由流动、基于创新的创意企业间网络化、产学研联盟和伙伴关系的大量出现为主要特征。知识的相互作用构成了跨边界区域创新绩效的重要支撑。跨界两边原有的创新关联依然存在，但与前一阶段相比，此时跨界两端的创新连接大量构建，致使该阶段跨边界创新网络的构建成为主要特征，改变其原来的从属地位。这些创新连接反映出跨边界交互行为和学习过程的大量存在。这样的协同来自功能型相近的高水平与认知距离最优水平的共存。与前一阶段相比较，这种协同不仅仅发生在单一领域，更是发生在跨边界的经济、科技和研发等许多领域。随之而来的是跨边界集聚现象的大量出现，并伴随着强烈的集体学习机制和知识传输模式。对于跨区域的创意组织而言，这种跨区域的强整合阶段不仅为其提供了协同创新的大量潜在机会，还提供了其有效识别和利用这些机会的有利条件。在此阶段，交通和通信等基础设施建设较为完善，这使得跨区域创意组织之间的可达性和交互行为能有效实施。另外这种协同行为发生的前提条件——即跨边界区域的制度相邻性能呈现出较高的水准，同时，在该阶段也能得以满足。在该阶段也可以看到对于构建一个强整合的跨边界协同创新系统的较高社会认可度。本阶段的另一重要特征是开始了新制度路径的创造过程，制度路径的创造是和跨边界治理的先进模式紧密相连的。在区域创新系统的较高一体化阶段，通常能够找到有效的跨边界治理结构。对于创新过程的整合，不仅有着许多组织和政策行为的相互调和，而且它们形成了一个连贯的整体，反映了一个成功的制度化过程和对长期政策协调的稳定机制。解决跨边界层级的共同问题已经成为日常工作的一部分，此阶段建立知识共享和创新连接正在变为一项例行性的活动。

第 4 章

跨区域创意产业集群协同
创新网络运作机理分析

4.1 跨区域创意产业集群协同创新网络的复杂性
特征

到目前为止，学术界对复杂性还没有一个统一的严格定义。由于不同学科领域，研究对象和研究方法不同，复杂性概念的定义也不尽相同，学者苗东升教授认为，复杂性作为现代科学中最复杂的概念之一，没有统一标准的定义是正常的，应该允许不同意义下的复杂性含义，多样性和差异性正是复杂性固有的内涵[①]。

我国学者成思危认为系统的复杂性主要表现在这几个方面：（1）系统各单元之间的联系广泛而紧密，构成一个网络。因此每一单元的变化都会受到其他单元变化的影响，并会引起其他单元的变化；（2）系统具有多层次、多功能的结构，每一个层次成为构筑其上一层次的单元，同时也有助于系统的某一功能的实现；（3）系统在发展过程中能够不断的学习并对其层次结构与功能结构进行重组及完善；（4）系统是开放的，它与环境有密切的联系，能与环境相互作用，并能不断向更好地适应环境的方向发展变

---

① 苗东升. 论复杂性 [J]. 自然辩证法通讯，2000 (6).

化；（5）系统是动态的，它处于不断的发展变化之中，而且系统本身对未来的发展变化有一定的预测能力①。

从上述对系统复杂性的表述来看，可认为复杂性是组织的属性而不是个体固有的属性，它来自复杂系统内各个部分之间的非线性交互作用产生的自组织和适应能力。它强调过程与变迁、经济主体的多层组织结构、主体结构决定其功能、分布式控制与信息处理以及新生现象及其自组织特性。

而跨区域创意产业集群协同创新网络实际上是一种复杂性适应系统（Complex Adaptive System）即 CAS 系统，这是由两个或两个以上的创意产业集群构成的复杂系统。它的演化过程实质是集群间系统主体自组织并不断有涌现产生的过程，复杂性、不确定性是其本质属性。它具有如下复杂系统特性：（1）系统性和整体性。集群是由其构成要素组成的有机系统整体，跨区域集群更是共同构成了超越行政边界的大型创新生态系统，该系统内各要素间均存在复杂的非线性关系，各系统间、不同层次之间相互关联、相互制约，具有复杂的非线性作用，从哲学视角看，复杂性是系统跨越层次之间的相互作用；（2）多层结构。跨区域集群是由诸多子系统组成，具有多层次、多功能的结构，每个子系统有相对独立的结构、功能和作用；（3）开放性。跨区域集群是一个开放系统，它与外部环境保持着联系并与其互动，体现出了一种非线性的相互作用，并与环境之间保持着物质、能量和信息的交换；（4）自组织性。跨区域集群具有复杂系统的自组织特征，即无需外界特定指令而自行组织和演化，自主地从无序走向有序，形成系统结构的过程；（5）涌现性。涌现是跨区域集群这种复杂系统自组织过程中出现的新的、协同的结构、模式和性质，出现在系统的宏观层次上，是系统整体具有而部分不具有的、全新的现象。由于集群内企业不完全由系统内部条件决定和不可完全预测性而使它们行为具有显著的涌现性；（6）自适应性。企业集群作为复杂适应系统的适应性体现在：一方面，作为集群主体的企业之间的联系十分紧密。在知识呈加速度发展且技

---

① 成思危. 复杂性科学探索论文集 [C]. 北京：民主与建设出版社，1999，25.

术日趋复杂的情况下，主体在新产品开发中，需要优势互补才能更好地发挥自身的创新能力；另一方面，企业集群与外部环境之间也同样存在着相互适应。当外部环境发生变化时，集群企业能够及时响应环境中的变化，研究和掌握行业先进的核心技术，以更快的速度向市场推出满足顾客快速变化的需求产品。

跨区域创意产业集群协同创新网络中的企业、科研机构和中介组织都具有感知和反应能力，自身具有目的性和主动性，能够与外部环境及其他主体随即进行交互作用，自动调整自身状态以适应环境，或与其他主体进行合作与竞争，争取自身的生存和利益最大化①。正是这些非线性的相互作用使得跨区域创意产业集群协同创新网络这个经济系统成为具有自组织特性的复杂适应性系统即 CAS 系统。也就是说，自组织特征是跨域创意产业集群协同创新网络这个复杂适应性系统的重要特性。

跨区域创意产业集群协同创新网络内每个企业与其他关联企业相互作用的自组织行为使得其改善了自身的外部环境，并产生了因互相合作而带来的额外收益，由多个集群构成的跨区域创新网络因此可以发挥系统的总体功能大于各个组成部分之和的作用，而且系统的属性、特征、行为等与企业个体的不同，这就是跨区域创意产业集群协同创新网络的涌现性特征。

4.1.1　跨区域创意产业集群协同创新网络的自组织特征

自组织理论是 20 世纪 60 年代开始建立并发展起来的一种系统理论。它吸取了耗散结构论、协同论、超循环理论、混沌理论、分形理论、突变论等理论成果而形成。自组织理论的基本含义是一个系统只有在开放、远离平衡和内部不同要素或子系统之间存在非线性相互作用的条件下，通过涨落放大才可能以自组织的方式，从混沌到有序，或者从低级有序到高级有序。这种在远离平衡的非线性区形成的新的稳定的宏观有序结构，由于

———————
① 许国志. 系统科学 ［M］. 上海：上海科技教育出版社，2000.

需要不断与外界交换物质或能量才能维持。由此可以看出自组织理论的本质特征是：（1）系统的开放性，只有充分开放才能驱使系统远离平衡状态；（2）系统远离平衡态，处于平衡状态和近平衡状态都不会自发向有序发展；（3）系统内的非线性机制，使得在平衡系统角度的破坏性因素因正反馈作用恰好成为系统演化的建设性因素；（4）系统的涨落作用是驱动系统内原来的稳定分支演化到耗散结构分支的原始推动力。作为一种由众多具有分工合作关系的文化创意企业和与其发展有关的各种机构、组织等行为主体通过纵横交错的网络关系紧密联系在一起的空间集聚体，跨区域创意产业集群协同创新网络的演化过程具有明显的自组织特征[①]。

4.1.1.1　跨区域创意产业集群协同创新网络的系统开放性

根据普里高津的耗散结构理论，系统从无序转变为有序，或者是从低级的有序发展为更高级的有序，前提是系统具有开放性。也就是说开放是系统耗散结构得以形成、维持和发展的首要条件。热力学第二定律指出孤立系统的熵不可能减少。对于一个孤立的系统，其演化结果必然是达到"熵"最大的平衡态。这里的"熵"是一个专门度量"表现系统内部无序和混乱程度"的概念，当"熵"值达到极大时，系统就会达到最无序的平衡态，变成"死"结构。而当熵值降低表明系统处于进化过程。熵值的降低只有通过系统对外开放以从外部吸收信息、知识等负熵流，抵消系统内部熵值的增加，从而实现系统总熵值的减少，进而使系统进入相对有序的状态，形成自组织有序的耗散结构。只有集群系统的规则和有效复杂性要与集群以外的环境系统之间保持一种持续的信息交换的发生，调节个体企业和社会经济系统有序化发展的规则才能具有自身变革的力量，有效复杂性才能逐步地得以积累[②]。跨区域创意产业集群协同创新网络是在开放性的基础上得以发展演化的，因而在那些开放度较高的国际化都市通常有着较为发达的跨区域创意产业集群协同创新网络或集聚区。这些集群具有很

---

① 吕挺琳. 自组织视角下文化产业集群的优越性与演进 [J]. 经济经纬，2008（6）.
② 许国志. 系统科学 [M]. 上海：上海科技教育出版社，2000.

强的包容性，不断从集群外部吸纳具有不同文化背景的创意型人才、不同区域的多元文化思维模式以及各种新思想、新观点、新技术、新信息等负熵流，从而能抵消集群内部随着时间延续而产生的思维僵化、创新能力缺失而导致的内部熵值增加，使得跨边界创意集群协同创新网络内部的熵值处在较低的位置，协同创新网络能进行有序的自组织进化。可见创意集群协同创新系统自组织发生对于开放性的要求不仅针对集群自身系统，实际上还包括了集群内文化创意企业和社会经济整个系统都必须保持开放性，否则协同创新网络的自组织所需要的信息交流则难以发生，与外界进行物质和能量的交换过程就会中断。

4.1.1.2　跨区域创意产业集群协同创新网络的非平衡性

按照热力学定义，平衡态是孤立系统经过无限长时间后，稳定存在的一种最均匀无序的状态。相当于"热寂"状态。在此状态下，系统与环境没有任何广义资源交流的定态，状态变量也不随时间发生变化。而非平衡态是相对于平衡态而言的，非平衡态的前提是系统基本元素的异质性。在以企业为基本元素的集群系统中，企业之间在生产要素的质量、信息获取、市场占有率、收益率等方面均具有较大差异性即非平衡性。一部分企业由于规模大、生产技术水平先进，在产业发展中居于主导地位，而另一部分企业则处于从属地位。生产要素在企业间的流动并不是朝着均匀方向发展，而是由劳动生产率低、效益差向劳动生产率高、效益好的企业流动。这说明非平衡在集群创新网络系统中是常态。远离平衡态实际上是与开放性联系在一起的，只有集群创新网络系统越来越开放，外在的作用才能推动集群创新网络系统离开平衡态，而且这是一种正相关。多样性和差异性是文化创意企业和产品的特点，创意企业的规模、生产技术和装备水平、信息和知识的获取能力、创作人员自身的理解领悟能力均存在较大异质性，同样创意产品的风格、基调、艺术特色各不相同，而且产品的创作水平和质量也各不相同，这就是创意产业区别于其他传统产业的地方。正是这种非平衡性使得创意集群内和集群间企业能通过市场调研、信息反馈、各类技术研究活动以及技术改进获得更强的研发、生产和经营能力，反过来，这种"惯性"导致的能力差异使跨区域创意产业集群协同创新网络中的各企业又具有不同的竞争力，处于各不相同的竞争位势，从而进一步打破企业间竞争的平衡，使创意产业集群始终远离平衡态，以致跨区域的创意集群协同创新网络巨系统在成长过程中可能不断出现一个个新的跃迁。

4.1.1.3　跨区域创意产业集群协同创新网络的非线性相互作用

自组织的发生必然是非线性作用的结果，非线性就是多体之间非对称的相互作用，是可以产生各部分之和之外的增量、非守恒量相互作用。自然界及人类社会中的各种现象，就其普遍规律来看，各种量之间通常都呈现出复杂的非线性相互作用，所以要使得系统产生新质、发生涌现，就必须有非线性相互作用。

产业系统的非线性是指其组分之间相互作用的一种数量特征及其不可叠加性。实际上，产业系统内组元之间和各个状态变量之间相互作用的机制是非线性的。通常状态变量值的增加，则系统状态将不能由这些增加值的简单叠加来判定，其变化将是复杂的，可能对应多个状态，甚至产生分岔和混沌现象。组成系统的子系统之间一般来讲其相互作用也不满足叠加原理，是非线性的，它们在形成整体系统时，会涌现出新的性质。在产业系统的状态变量中，有的对系统演化起正反馈加强作用，有的起负反馈弱化作用，有的则在一定条件下起加强作用，而在其他条件下起弱化作用。产业系统的演化存在非线性的正负反馈机制。在产业系统的演化过程中，非线性发挥突出的作用。非线性相互作用是系统形成有序结构和产生复杂性的内在动因①。

跨区域创意集群协同创新网络是包含创意企业、支撑机构及其相互关系的跨边界的复杂大系统。创新网络内企业之间基于相互信任的关系不像契约关系那样具有明显的线性关系，而是具有非常复杂的非线性关系，表现为相互制约、相互耦合、合理分工、差异协同、互为因果等。创新网络

---

①　叶金国等. 产业系统自组织演化的条件、机制与过程 [J]. 石家庄铁道学院学报，2003，16 (2).

内企业之间耦合的相互作用将所有企业凝聚成一个有机的整体①。作为一个远离平衡态的非线性的开放系统，跨区域创意产业集群协同创新网络通过不断的与外界交换物质和能量，在系统内部某个参量的变化达到一定的阈值时，通过涨落，系统就会发生突变即非平衡相变，由原来的混沌无序状态转变为一种在时间上、空间上或功能上的有序状态②。

4.1.1.4 跨区域创意产业集群协同创新网络的涨落

涨落是统计物理学中研究的现象，在平衡态时系统存在涨落，当系统由于某种原因偏离平衡态时，涨落也会使系统很快地恢复到原来状态。涨落既是对于在平衡态上系统的破坏，又是维持系统在稳定态上的动力。在系统发生相变时涨落更发挥着重大的作用，处在临界点处的系统，原来的定态解失稳，但系统不会自动离开定态解，只有涨落才使系统偏离定态解，偏离范围不论多少，只要有偏离就会使系统演化到新的定态解上，因此可以说涨落是使系统由原来均匀定态解到耗散结构演化的最初驱动力。是由于集群系统涨落的存在导致集群自组织发生和集群系统自我耗散结构的形成③。涨落是随机的、偶然的和杂乱无章的，没有确定的方向和时间。集群涨落并非是一种主观努力的结果，而是存在着各种各样的因素影响着集群的成长和演化方向，每一个因素都可能成为集群发生的最初始的条件即集群自组织对系统自身初始条件具有敏感的依赖性，例如，跨区域创意产业集群协同创新网络中各要素的波动如人员流动、技术发展得失、国内外市场需求变动、政府政策的扶持力度变化、资金的增减、产品质量的波动、消费者心理和习惯的变化产生的市场波动等，这些要素的非线性作用构成了集群的"涨"与"落"。

通过上述分析可以发现跨区域创意产业集群协同创新网络自组织的四个条件是相互联系、密不可分的。集群之间不开放就无法与外界进行物质、能量和信息的交流，由集群系统构成的集群间协同创新网络就不能远

---

①③　张东风. 基于复杂性理论的企业集群成长与创新系统研究 [D]. 天津：天津大学博士学位论文，2005.

②　吕挺琳. 自组织视角下文化产业集群的优越性与演进 [J]. 经济经纬，2008 (6).

离平衡态，其内部发现、选择和行动之间的任何非线性相互作用也不能使创新网络系统脱离平衡态，集群的涨落也仅能起到稳定系统，使之处在平衡态的作用，而无法形成有序状态。如果没有远离平衡态，即使集群系统开放也是无济于事，集群系统仅能在平衡态附近，与外在交流也作用微弱，不能使系统发生本质的变化。创意集群协同创新网络内各子系统之间的非线性相互作用是其内部发生质变的基础，这也是系统形成耗散结构的必要条件。没有涨落，其他条件再具备，系统也不会出现有序结构，而且没有涨落，系统的稳定状态也难以维持；集群系统长期处于一种稳定态的情况下，其协调各种关系的"规则"和"规则系统"也就不会出现大的变化，这样当外在条件一旦变化，出现了涨落现象时，"规则"所表现出的惰性就会使整个创新网络系统的稳定态被予以致命的破坏。涨落存在与系统的复杂性的关系，也可以说没有涨落复杂系统就不能存在，同样系统越复杂，涨落的存在也就越普遍。对于创意集群协同创新网络系统而言，创意集群本身自组织的发生是保持集群间复杂创新网络系统自身有序化成长与演进的根本所在①。

4.1.2 跨区域创意产业集群协同创新网络的涌现性特征

跨区域创意产业集群协同创新网络是一个由众多组织构成的较高层次的复杂系统，其经历了从简单到复杂，从低级到高级，从小系统到大系统的不断进化和涌现的过程。在这个过程中，伴随了低层次、小系统所没有的新性质的涌现，这些涌现具体表现在以下方面：

4.1.2.1 经济收益的涌现

跨区域创意产业集群协同创新网络内部企业通常有着非集群企业所没有的知识和信息共享的机会，而这恰恰是集群能带给企业的最基本益处。创意人员之间的相互交流能带给对方意想不到的收获，或是开拓了思路、

---

① 张东风. 基于复杂性理论的企业集群成长与创新系统研究 [D]. 天津：天津大学博士学位论文，2005.

或是补充了专业的前沿知识，或是唤醒了潜伏在大脑中的创新意识，这些额外的信息知识很可能成为新创意产品的灵感来源，而这种新产品很可能会满足受众求新求异的猎奇心理，受到市场的追捧，产生意外的巨大经济收益。另外，集群内企业还比非集群内企业有显著的市场竞争优势，容易获得更多的市场机会和更低的交易成本等，从而增加企业盈利。

4.1.2.2　集群间整体竞争力的涌现

单个中小创意企业的创新能力较为有限，而集群内的信任关系将企业和支撑机构联结成柔性的有机整体和技术创新网络，这使得集群企业有了很强的抵御市场风险的能力、倍增的创新能力、内外部协调能力和集群企业产品的整体品牌的涌现，创意企业集群协同创新网络的这些涌现既促使了集群对市场和周边环境的适应，又促使集群整体的功能弥补了单个企业在市场竞争中的弱势地位，在这个过程中，更高层级的集群协同创新网络系统涌现出单个集群系统或是单个企业所不具有的属性、行为和功能，这些涌现极大地增强了跨区域创意产业集群协同创新网络整体竞争力。

4.1.2.3　新业态的涌现

跨区域创意产业集群协同创新网络集聚着众多与创意产品制作相关联的企业，不同创意类别的企业相互共生会衍生更多创新性产品，同时随着现代信息技术对创意产业渗透程度的不断加深，互联网和手机等新兴传播载体逐渐成为创意产品的主要传播方式，新载体的不断出现以及创意内容的不断翻新使得创意产业的新业态会不断涌现，这使得创意产业成为成长空间和潜力十分巨大的新型朝阳产业。

4.1.2.4　新机制的涌现

以产业集群的方式发展创意产业本身即是一种较好的制度设计，通过其能使集群内企业获得集聚带来的外部经济收益，同时能得到政府有效的政策扶持。随着集群间协同创新网络的建立和快速发展，集群内和集群间企业的信任加深，植根于当地并基于信任基础上的跨地区生产协作网络逐步形成，这反过来又不断促进集群间各种有利于合作的新制度、新规则的创生，同时政府所制订的政策也随着集群的发展而变得更富有弹性和灵活性，也更有成效。

4.2　跨区域创意产业集群协同创新网络的自组织类型与演化机理

4.2.1　跨区域创意产业集群协同创新网络的自组织类型

跨区域创意产业集群协同创新网络自组织是集群创新网络系统在一定条件下，由于集群间和内部子系统的相互作用，使集群协同创新网络系统形成具有一定功能、结构的过程。就跨区域创意产业集群协同创新网络自组织的前后状态相比来看，集群创新网络系统经过自组织过程，由原先的均匀、简单、平衡的状态转变为一个有序、复杂、非平衡的稳定状态。集群协同创新网络阶段性的成长演化过程实质为集群协同创新网络一次次自组织发生的过程，每经过一次自组织过程，跨域创意产业集群协同创新网络都可能实现一次跃迁。整个跨域创意产业集群协同创新网络系统就是在集群自组织的跃迁过程中获得进化和成长。就集群创新网络系统作为维系企业系统有序化发展的规则体系来说，从规则的自我变化的角度，可以将集群创新网络系统自组织成长分为以下几种主要类型。

4.2.1.1　协同创新网络自创生

跨区域创意产业集群协同创新网络自创生是从自组织过程形成的新状态与原有的旧状态对比角度，对自组织状态的一种描述。在集群协同创新网络成长演化过程中，自组织过程类似于相变，在一定条件下，由于系统内子系统之间的相互作用，自发产生新的结构和功能，使得调节系统运行的原有规则发生了变化，抑或产生新的规则以适应新的系统成长需要，这种新的规则相对于自组织过程前是不存在的。这就是集群协同创新网络的自创生。这种自组织类型实质是作为复杂系统的集群协同创新网络涌现性的体现。创生的新规则、新结构和新功能都是原集群协同创新网络系统所不具有的，这些都是开放的集群协同创新网络要素进行内外非线性互动产生的一系列"突现"的结果。

4.2.1.2 协同创新网络自复制

跨区域创意产业集群协同创新网络的自复制是从其自组织过程中子系统之间如何相互作用，才能保证系统形成某种新的、有序的、稳定状态的角度，来对自组织过程的一种描述。自复制过程是自创生过程的前提和基础条件，也就是说跨区域创意产业集群协同创新网络和其内的文化创意企业成长和演化都存在着路径依赖，演化前所携带的"基因"同样影响着集群协同创新网络演化的方向和结果。这里的"基因"是指集群协同创新网络在演化前所具有的知识、信息、技术、政策等要素。尽管变化从外部看并没有明显的表现，但是集群协同创新网络内各子系统之间的互动使得集群系统整体的结构和功能都发生了一定的变化，该结果的发生是由于集群创新网络内一刻不停的在进行着原有"基因"的复制，其中包括影响集群创新网络演化的各项政策规则、知识和信息的广泛溢出等。可以看到集群协同创新网络系统在一定时期中具有相当长时间的稳定性，但集群创新网络内部的相互作用以及与外在环境之间的作用并没有停止，这就意味着在系统成长过程中，集群协同创新网络发生了自组织现象，但是以自复制的形式出现的，也就是说，集群创新网络以自复制的形式在维持着系统的稳定成长。

4.2.1.3 协同创新网络自生长

跨区域创意产业集群协同创新网络自生长是从系统整体层次的角度对集群自组织成长过程所形成状态随时间演化情况的一种描述。在跨区域创意产业集群协同创新网络系统成长过程中，随着外在环境的变化，集群创新网络也随之而变化，但这种变化并不表现为一种质变，也就是说协调系统发展的规则和规则系统本身并没有发生质的变化。将这样的跨区域创意产业集群协同创新网络自组织类型称之为集群协同创新网络自生长过程。该过程与上述自复制过程实质是同一个过程。从集群创新网络内部来看，集群创新网络演化是在原有基础上的一种跃迁，从集群外部来看，集群创新网络演化是一个成长进化过程。

4.2.1.4　协同创新网络自适应

协同创新网络自适应是从系统与外界的关系的角度，对跨区域创意产业集群协同创新网络自组织成长过程的一种描述。它强调集群创新网络随着外在环境的变化，为了适应环境的变化而主动与环境相适应，从而出现新的结构、状态和功能。这是与自创生相对应的一个概念，自创生是强调从集群创新网络系统内部的角度来描述集群自组织过程，而自适应则从适应外界需要的角度来描述集群创新网络自组织过程。一般可以从集群个体的成长角度来描述集群创新网络成长阶段的自创生过程。同样也可以从集群个体成长过程中个体面临的环境变化角度描述集群创新网络成长阶段是自适应过程。

综上所述，跨区域创意产业集群协同创新网络自组织成长的四种类型是既密切联系又相互区别。协同创新网络自创生和自适应强调的是集群创新网络整体的阶段性成长和演进，描述的是一种质变，更关注集群创新网络的整体涌现性；创新网络自复制和自生长是从量变的角度，来研究集群创新网络是如何逐步地发生自组织成长和演进变化的。

4.2.2　跨区域创意产业集群协同创新网络的自组织进化机理

创意产业集群是单个文化创意企业通过正式与非正式的契约与其他企业发生联系而形成比较稳定的伙伴关系并进而产生的中间组织，而跨区域创意产业集群协同创新网络是由邻近地域多个创意产业集群共同构成的一个超大规模的创新生态系统，这一组织与外界的环境共同构成了一种复杂的巨系统。由单个的文化创意企业构成的子系统之间相互作用、相互影响、相互联系，从整体上导致了集群及其相互之间的创新网络这一组织形式的出现与动态的演化，使它呈现出新的特性。

单个文化创意企业利用自身的资源以及自身内部的各部门组织协同，再加上通过与集群中其他企业合作所获得的知识、信息、专有设备、技术等资源来增强与扩大自身的实力与规模，从而提升自身的竞争能力，这构成了企业的自循环。同时，集群内企业之间又通过相互竞争、相互合作在发生着相互作用，通过企业的经营环境来对另一企业发生关系，通过自身的经营来影响其他企业的经营，这是一种交叉循环。而集群间的企业和集群层面的相互竞争与合作就构成了跨区域创意产业集群协同创新网络系统，这是一种更高层面的交叉循环。就整个集群协同创新网络系统而言，企业之间通过资源互补、相互的学习、核心能力的相互支持以及伙伴之间的有效合作与竞争关系，使得集群间协同创新网络资源得到更合理的、更有效的配置，在集群内部和之间形成一种自循环。同时，这一集群群体也在同外界经济环境进行着物质、能量、信息的交换，对整体的环境产生着作用和影响。也即与集群协同创新网络外部环境是一种交叉循环。通过上述分析可以看出，跨区域创意产业集群协同创新网络的自组织过程实际上是文化创意企业之间以及集群系统之间与集群外部环境之间通过自循环与交叉循环来形成集群大系统，组成了高一层次的系统循环，这一高层次的系统又构成了另一高层次系统的子系统，这一系统通过自循环与交叉循环的相互作用，相互影响，使更高层次的系统趋同进化。通过这种交叉循环与自循环来产生协同效应，从而形成一种超循环。超循环使得动态的组织系统向一系列更高的组织层次进行质的飞跃。可见跨区域创意产业集群协同创新网络这种组织形式比单个文化创意企业获得外界的资源知识、吸收负熵的可能性都更大，向更高层次系统进化的可能性也更大。

而以下几方面则是导致这一进化趋势的主要动力来源。（1）是集群内企业在技术创新方面的互动合作。在技术创新方面的合作能增强集群伙伴企业的竞争能力，在知识和技术上的互补增强了集群内企业伙伴的知识积累，而知识积累越多，领悟和吸收新知识能力越强，伙伴之间合作创新的可能性越大，在不断增加的合作下企业更能取得效益，从而能推动集群协同创新网络系统向更高形式系统演化。（2）是集群协同创新网络系统固有的复杂性与协同性的驱动。系统的复杂性决定了子系统之间具有相互影响、相互作用的非线性关系，这种非线性关系具有正反馈的放大机制，这种机制是指外界环境中的微小变化会对集群协同创新网络系统产生巨大的影响，从而可能会因环境的微小变化而导致集群创新网络系统的突变，突变的出现会促进集群协同创新网络系统向新的系统形式进化。（3）是集群协同创新网络系统中的子系统的协同性使得集群系统产生相互作用，从而产生一些新的相互作用驱动力，这种新的驱动力能推动系统进化。

4.3　创意产业集群创新网络成长中企业协作策略选择的演化博弈模型构建

上述针对跨区域创意产业集群协同创新网络运作机理的分析更多地侧重于中观层面的分析，而目前我国多数跨地区间协同创新网络还处于上述的第一种和第二种交互模式，因而对创意产业集群内部企业之间以及跨区域创意产业集群企业间的相互协作问题展开研究显得更具有现实意义，而选用演化博弈理论分析创意产业集群创新网络成长中企业策略选择过程更为恰当，接下来试图对此进行阐述。

在一个领域中的创新被引入一个新的领域解决了老问题或是激发了新奇的思维，即产生了创意，而创意产业的跨行业属性使得行业间内容产品和技术的整合成为可能，从而为新奇元素的产生提供了极为有利的条件。作为最基本的创意单元，创意企业因其汇聚了一批有着不同想法、技能和资源的高素质创意个体而显得具有更强的创新活力。若干种创意企业单元集中在一定范围的空间内，在内外部环境中多种复杂因素的影响下，双方或多方进行互选协同开展各类各层级的创新活动，这种因协同而形成的交错复杂的协作关系就形成了创意产业集群内部的创新网络。具体而言，在最初的创意集群内分布着具有异质性的各类创意企业，随着其他创意企业的不断加入，网络中的节点数量（企业数量）逐步增加，节点间的边（协作关系）也不断增多，由此汇聚到集群内协同创新网络中的知识流、信息流快速增长，嵌入进去的知识资源形成了丰富的知识积累，这反过来又促使更多创意企业加入集群创新网络，因而由创意企业所构成的创新网络实现了不断成长，形成了具有复杂网络特性的拓扑结构。

在创意产业集群的创新网络中，根据创意企业进入集群的先后顺序可将各类企业分为现任者和新进入者两大类。现任创意企业由于进入集群较早，拥有比新进入企业更多的社会资本，通常其协作创新的收益要高于新进入企业，协作创新成本则要低于新进入企业。创意企业的这两种类别进而形成了可能存在于集群创新网络中的四种关系类型：（1）新进入企业—新进入企业；（2）新进入企业—现任企业；（3）现任企业—现任企业；（4）重复的现任企业—现任企业（见图 4 - 1）：

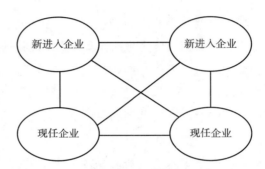

图 4 - 1　集群创新网络间企业协作关系类型

从图 4 - 1 可以看出，要想实现创新网络成长，不仅需要集群内现任企业间这种重复的协作关系得以保持和加强，还需要未建立协作关系的现任企业间建立和加强协作关系，更重要的是要让新进入企业和现任企业之间以及新进入企业之间都建立良好的协作关系并得以加强。这种协作关系能否建立并有效实施取决于集群内外部创新环境的完善程度，并从根本上取决于政府政策的实施导向。有效的政策能激活创意企业内在寻求协作的动力，诱导企业变被动等待为主动积极地开展有效协作，从而使得集群内企业积极效仿此类协作活动。

4.3.1　演化博弈模型构建

演化博弈分析模型研究对象是"种群"的动态变化过程，并解释说明为何群体要达到目前的这一状态以及如何达到。模仿者动态与演化稳定策略成为演化博弈理论中最为核心的一组基本概念，它们分别表征趋向稳定状态的动态收敛过程和演化博弈最终的稳定状态。模仿者动态也称之为复制动态，它是描述某一特定策略在一个种群中被采用的频数或频度的动态微分方程，当一种策略的适应度或支付比种群的平均适应度高，这种策略就会在种群中发展，即适者生存体现为这种策略的增长率大于零。而演化稳定策略是指如果占群体绝大多数的个体选择该策略，那么小的突变者群体就不可能侵入到这个群体。也就是说，在自然选择的压力下，突变者要么改变策略而选择这个演化稳定策略，要么退出系统。

运用演化博弈分析模型对创意产业集群内创新网络中两类企业的策略选择过程进行分析，显得较为贴切。我国的创意产业集群当前正处于发展初期，绝大多数地区的集群是在政府主导和积极推动下形成的，这种集群形成模式与市场自发形成模式最大的区别在于集群企业间的信任关系缺失，同时集群企业开展协作创新的利益分配及成本分摊机制不健全，这些不利因素正阻碍着集群企业协同创新的有效实施，从而导致集群创新网络成长受阻、企业间高水平协同创新活动难以实现。因此政府政策作为一种有效调节创新行为的工具显得极为关键。假设创意产业集群内企业能采取的策略为"强化协作"和"弱化协作"两种，所谓"强化协作"策略是指在政府实施的基于创新过程的激励政策诱导下，集群内创意企业通过相互之间的有效协同创新，获取互惠收益的行动策略，当该策略为集群内其他企业所模仿进而变为演化稳定策略（ESS）时，此时集群内的企业协作行为就会被强化、固化，企业创新网络进一步成长，这反过来又促使更多的集群外创意企业进入集群，从而真正实现创意企业的集群式发展。而"弱化协作"策略是集群企业只想获取因企业集聚而带来的政策优惠等外部收益，企业不愿承担在不确定风险下的企业间协同创新活动，如果该策略在集群内企业间进行复制模仿并成为演化稳定策略时，集群创新网络就难以形成，集群在失去外力推动后，将会出现企业外逃，最终导致集群衰亡。也就是说，政府的政策导向对于集群内企业的协同创新行为起着关键的引导作用。

1. 同类别创意企业策略选择的演化博弈模型

同类别创意企业是指任意两个新进入企业之间或是现任企业之间的策略选择博弈。假设有新进入创意企业 1 和创意企业 2，两者均有相同的策略集（强化协作，弱化协作），因而两个新进入企业共有四种策略组合可供选择，即（强化协作，强化协作）、（强化协作，弱化协作）、（弱化协作，强化协作）、（弱化协作、弱化协作）。当两个新进入的创意企业均选择"强化协作"策略时，双方协作成功的可能性为 i，期望协作收益为 R_1，协作成本则为 C_1；当两个企业采取不同协作策略时成功的可能性为 j，其中采取强化协作策略的企业期望协作收益和成本分别为 R_1 和 C_1，采取"弱化协作"策略的企业期望协作收益和成本分别为 R_2 和 C_2；而当两个企业均选择"弱化协作"策略时协作成功的可能性为 j，而双方此时期望协作收益均为 R_1，协作成本为 C_2，两个新进入企业之间的博弈支付矩阵如表 4-1 所示：

表 4-1　　　　　　　　　　两个新进入企业之间的博弈支付矩阵

新进入企业 1 ＼ 新进入企业 2	强化协作 y	弱化协作 $1-y$
强化协作 x	$iR_1 - C_1$，$iR_1 - C_1$	$jR_1 - C_1$，$jR_2 - C_2$
弱化协作 $1-x$	$jR_2 - C_2$，$jR_1 - C_1$	$jR_1 - C_2$，$jR_1 - C_2$

设新进入创意企业 1 选择"强化协作"策略的概率为 x，新进入创意企业 2 选择"强化协作"策略的概率为 y。创意企业 1 选择"强化协作"和"弱化协作"的期望收益分别为 U1 和 U2，平均收益为 $\bar{U}$，则

$$U1 = y(iR_1 - C_1) + (1-y)(jR_1 - C_1)$$

$$U2 = y(jR_2 - C_2) + (1-y)(jR_1 - C_2)$$

$$\bar{U} = xU1 + (1-x)U2$$

同理，新进入企业 2 选择"强化协作"和"弱化协作"的期望收益分别为 V1 和 V2，平均收益为 $\overline{V}$，则

$$V1 = x(iR_1 - C_1) + (1 - x)(jR_1 - C_1)$$

$$V2 = x(jR_2 - C_2) + (1 - x)(jR_1 - C_2)$$

$$\overline{V} = yV1 + (1 - y)V2$$

由此可得新进入创意企业 1 和 2 的模仿者动态方程为：

$$F(x) = \frac{dx}{dt} = x(U1 - \overline{U}) = x(1 - x)(U1 - U2)$$

$$= x(1 - x)[y(iR_1 - jR_2) - C_1 + C_2] \qquad (4 - 1)$$

$$F(y) = \frac{dy}{dt} = y(V1 - \overline{V}) = y(1 - y)(V1 - V2)$$

$$= y(1 - y)[x(iR_1 - jR_2) - C_1 + C_2] \qquad (4 - 2)$$

两个新进入的创意企业之间的博弈可以用以上两个微分方程（4 - 1）和（4 - 2）组成的系统来描述。微分方程均衡点的稳定性可由该系统 Jacobi 矩阵的结构分析得出。其 Jacobi 矩阵为：

$$JE = \begin{pmatrix} \dfrac{dF(x)}{dx} & \dfrac{dF(x)}{dy} \\[2mm] \dfrac{dF(y)}{dx} & \dfrac{dF(y)}{dy} \end{pmatrix}$$

$$= \begin{bmatrix} (1 - 2x)[y(iR_1 - jR_2) - c_1 + c_2] & x(1 - x)(iR_1 - jR_2) \\ y(1 - y)(iR_1 - jR_2) & (1 - 2y)[x(iR_1 - jR_2) - c_1 + c_2] \end{bmatrix}$$

第一种情况当 $iR_1 > jR_2$ 且 $c_1 > c_2$，$iR_1 - c_1 > jR_2 - c_2$ 即 $iR_1 - jR_2 > c_1 - c_2$ 时，各均衡点 Jacobi 矩阵行列式与迹的符号分析见表 4 - 2：

表 4 - 2　　　　　各均衡点 Jacobi 矩阵行列式与迹的符号列表

均衡点	detJ		trJ		结果
$x = 0$，$y = 0$	$(c_1 - c_2)^2$	+	$-2(c_1 - c_2)$	–	ESS
$x = 0$，$y = 1$	$(c_1 - c_2)[iR_1 - jR_2 - (c_1 - c_2)]$	+	$iR_1 - jR_2$	+	不稳定

续表

均衡点	detJ		trJ		结果
$x=1$，$y=0$	$(c_1-c_2)[iR_1-jR_2-(c_1-c_2)]$	+	iR_1-jR_2	+	不稳定
$x=1$，$y=1$	$[(iR_1-jR_2)-(c_1-c_2)]^2$	+	$-2[(iR_1-jR_2)-(c_1-c_2)]$	−	ESS
$x=\dfrac{c_1-c_2}{iR_1-jR_2}$ $y=\dfrac{c_1-c_2}{iR_1-jR_2}$	$-\dfrac{(c_1-c_2)^2[(iR_1-jR_2)-(c_1-c_2)]^2}{(iR_1-jR_2)^2}$	−	0		鞍点

第二种情况当 $iR_1>jR_2$ 且 $c_1>c_2$，且 $iR_1-c_1<jR_2-c_2$ 时，各均衡点 Jacobi 矩阵行列式与迹的符号分析见表 4-3：

表 4-3　　　　各均衡点 Jacobi 矩阵行列式与迹的符号列表

均衡点	detJ		trJ		结果
$x=0$，$y=0$	$(c_1-c_2)^2$	+	$-2(c_1-c_2)$	−	ESS
$x=0$，$y=1$	$(c_1-c_2)[iR_1-jR_2-(c_1-c_2)]$	−	iR_1-jR_2		鞍点
$x=1$，$y=0$	$(c_1-c_2)[iR_1-jR_2-(c_1-c_2)]$	−	iR_1-jR_2		鞍点
$x=1$，$y=1$	$[(iR_1-jR_2)-(c_1-c_2)]^2$	+	$-2[(iR_1-jR_2)-(c_1-c_2)]$	+	不稳定

2. 不同类别创意企业策略选择的演化博弈模型

不同类别创意企业是指现任企业和新进入企业两类企业间协作策略选择时的博弈。假设双方都采取"强化协作"策略时协作成功的可能性为 i，当两个企业采取不同策略或是都采取"弱化协作"策略时成功的可能性为 j，新进入企业和现任企业的期望协作收益分别为 R_1 和 R_2，对于新进入企业，采取"强化协作"和"弱化协作"策略时的成本分别为 C_1 和 C_3；而对于现任企业，采取"强化协作"和"弱化协作"策略时的成本分别为 C_2 和 C_4，该博弈的支付矩阵如表 4-4 所示：

表 4 – 4　　　　　　现任企业与新进入企业之间的博弈支付矩阵

新进入企业＼现任企业	强化协作 y	弱化协作 1 – y
强化协作 x	$iR_1 – C_1$，$iR_2 – C_2$	$jR_1 – C_1$，$jR_2 – C_4$
弱化协作 1 – x	$jR_1 – C_3$，$jR_2 – C_2$	$jR_1 – C_3$，$jR_2 – C_4$

由此可得新进入创意企业和现任创意企业的模仿者动态方程为：

$$F(x) = \frac{dx}{dt} = x(U1 - \overline{U}) = x(1-x)(U1 - U2)$$

$$= x(1-x)\left[y(iR_1 - jR_1) - C_1 + C_3\right]$$

$$F(y) = \frac{dy}{dt} = y \times (V1 - \overline{V}) = y(1-y)(V1 - V2)$$

$$= y(1-y)\left[x(iR_2 - jR_2) - C_2 + C_4\right]$$

其系统的 Jacobi 矩阵为：

$$JE = \begin{pmatrix} \dfrac{dF(x)}{dx} & \dfrac{dF(x)}{dy} \\ \dfrac{dF(y)}{dx} & \dfrac{dF(y)}{dy} \end{pmatrix}$$

$$= \begin{bmatrix} (1-2x)\left[y(iR_1 - jR_1) - c_1 + c_3\right] & x(1-x)(iR_1 - jR_1) \\ y(1-y)(iR_2 - jR_2) & (1-2y)\left[x(iR_2 - jR_2) - c_2 + c_4\right] \end{bmatrix}$$

第一种情况，$iR_1 < iR_2$，$C_1 < C_2$ 且 $iR_1 - C_1 < iR_2 - C_2$；$iR_1 > jR_1$，$iR_2 > jR_2$，$C_1 > C_3$，$C_2 > C_4$ 且 $iR_1 - C_1 > jR_1 - C_3$ 时；各均衡点 Jacobi 矩阵行列式与迹的符号分析见表 4 – 5：

表 4 – 5　　　　　　各均衡点 Jacobi 矩阵行列式与迹的符号列表

均衡点	detJ		trJ		结果
x = 0，y = 0	$(C_1 - C_3)(C_2 - C_4)$	+	$-C_1 + C_3 - C_2 + C_4$	–	ESS
x = 0，y = 1	$\left[iR_1 - C_1 - (jR_1 - C_3)\right](C_2 - C_4)$	+	$iR_1 - C_1 - jR_1 + C_3 + C_2 - C_4$	+	不稳定

均衡点	detJ		trJ		结果
$x=1$，$y=0$	$(C_1-C_3)[iR_2-jR_2-(C_2-C_4)]$	$+$	$C_1-C_3+iR_2-jR_2-C_2+C_4$	$+$	不稳定
$x=1$，$y=1$	$(iR_1-jR_1-C_1+C_3)$ $(iR_2-C_2-jR_2+C_4)$	$+$	$-(iR_1-jR_1-C_1+C_3)-$ $(iR_2-C_2-jR_2+C_4)$	$-$	ESS
$x=\dfrac{c_2-c_4}{R_2(i-j)}$ $x=\dfrac{c_1-c_3}{R_1(i-j)}$	$*$	$-$	0		鞍点

注：$* = \dfrac{-(c_2-c_4)[R_2(i-j)-(c_2-c_4)]\cdot(iR_1-jR_1)(c_1-c_3)[R_1(i-j)-(c_1-c_3)](iR_2-jR_2)}{[R_1(i-j)]^2[R_2(i-j)]^2}$

第二种情况，$iR_1-C_1<jR_1-C_3$，$iR_2-C_2<jR_2-C_4$ 且 $C_1>C_3$，$C_2>C_4$ 时，各均衡点雅可比矩阵行列式与迹的符号分析见表 4-6：

表 4-6　　　　各均衡点雅可比矩阵行列式与迹的符号列表

均衡点	detJ		trJ		结果
$x=0$，$y=0$	$(C_1-C_3)(C_2-C_4)$	$+$	$-C_1+C_3-C_2+C_4$	$-$	ESS
$x=0$，$y=1$	$[iR_1-C_1-(jR_1-C_3)](C_2-C_4)$	$-$	$iR_1-C_1-jR_1+C_3+C_2-C_4$		鞍点
$x=1$，$y=0$	$(C_1-C_3)[iR_2-jR_2-(C_2-C_4)]$	$-$	$C_1-C_3+iR_2-jR_2-C_2+C_4$		鞍点
$x=1$，$y=1$	$(iR_1-jR_1-C_1+C_3)$ $(iR_2-C_2-jR_2+C_4)$	$+$	$-(iR_1-jR_1-C_1+C_3)-$ $(iR_2-C_2-jR_2+C_4)$	$+$	不稳定

根据弗里德曼（Friedman）提出的判别法则，动态系统均衡点的演化稳定性可由该系统的 Jacobi 矩阵的局部稳定性分析得出。上述两类演化博弈模型最终都得出相似的演化相位图（见图 4-2）。

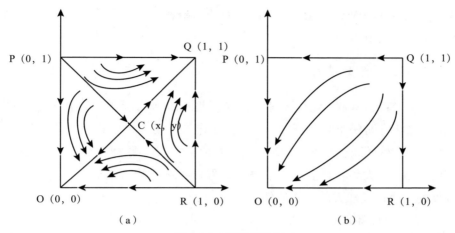

图 4 - 2　演化相位图

图 4 - 2（a）展示了两类演化博弈模型的第一种情况下，即在平面 N = {(x，y)；0≤x≤1，0≤y≤1} 上有 5 个均衡点，分别为不稳定点 R(1，0) 和 P(0，1)，稳定点 Q(1，1) 和 O(0，0)，以及鞍点 C(x，y)。当鞍点 C(x，y) 的取值范围为 x > 1/2，y > 1/2 时，表明采取两种协作策略分别发生的成本之差超过采取两种策略的期望收益之差的一半，此时 C 点趋向于 Q 点，也即区域 OPCR 的面积不断增加，大于区域 PQRC 的面积，此时的演化稳定策略 ESS 是（弱化协作，弱化协作），即演化方向趋向于点 O(0，0)。而当鞍点 C(x，y) 取值均小于（1/2，1/2）时，表明采取两种协作策略分别发生的成本之差小于采取两种策略的期望收益之差的一半，从而使演化方向趋向于点 Q(1，1)，而演化稳定策略 ESS 为（强化协作，强化协作）。而当鞍点 C(x，y) 位于坐标点（1/2，1/2）处时，区域 OPCR 和区域 PQRC 的面积相等，也即创新网络中创意企业协作策略选择的博弈能向两个方向演化，即可以采取弱化协作策略，也可以采取强化协作策略，这两种策略都是演化稳定策略（ESS）。

图 4 - 2（b）展示了两类演化博弈模型的第二种情况，在平面 N = {(x，y)；0≤x≤1，0≤y≤1} 内，存在 4 个均衡点，分别为不稳定点 Q(0，0)、稳定点 O(1，1) 以及鞍点 R(1，0) 和 P(0，1)，也即当协作收

益小于协作成本时，演化方向趋向于 $O(0, 0)$，演化稳定策略 ESS 为（弱化协作，弱化协作）。

4.3.2 模型分析

（1）参数 i 是两个创意企业都采取"强化协作"策略时协作成功的可能性。参数 j 是两个企业分别采取不同协作策略或是共同采取"弱化策略"时协作成功的可能性。通常情况下，参数 i 的取值要大于参数 j 的取值。同时参数 i 的大小客观上取决于协作双方自身创新能力强弱、企业间互补程度的大小以及双方的协作信任度。

（2）在同类别创意企业策略选择时，R_1 代表采取"强化协作"策略时的期望协作收益，R_2 是采取"弱化协作"策略时的协作收益，因而提高企业采取"强化协作"策略的预期收益 R_1 将会激励企业更多选择"强化协作"策略。制定与产业集群发展阶段相匹配的知识产权保护政策应成为提升和稳定协作收益的重要管理手段。同时随着集群进一步的演进和成长，应逐步减少集群建立初期对于企业的扶持措施，降低企业选择"弱化协作"的期望收益 R_2，减少企业协作惰性。在不同类别创意企业策略选择时，R_1 和 R_2 分别代表新进入企业和现任企业的期望协作收益因而提高两类不同企业采取"强化协作"策略的预期收益 R_1 和 R_2 将会激励企业更多地选择"强化协作"策略。

（3）在同类别创意企业策略选择时，C_1 和 C_2 分别是双方企业都采取"强化协作"策略时支付的协作成本和任何一方采取"弱化协作"策略的协作成本。要想激励企业开展深度协作，需要降低企业甄选、鉴别协作伙伴的成本，降低企业融资成本，从而使得采取强化协作策略的协作成本有较大幅度下降，并进而能提高采取强化协作策略企业的收益率。在不同类别创意企业策略选择时，对于新进入企业或是现任企业，均需要通过降低采取"强化协作"策略时的成本 C_1 和 C_2 以提升收益率。

4.3.3 数值实验

通过数值实验的方法，运用 MATLAB 软件可以直观地分析出企业选择某种协作策略的概率的变化、期望协作收益值的变动以及企业双方协作成本的变动对演化结果的影响。

从图 4 - 3 可以看出，选择"强化协作"策略的概率变化对演化结果的影响，以同类别创意企业策略选择为例，x、y 分别为新进入创意企业 1 和创意企业 2 选择"强化协作"策略的概率，当参数 $R_1 = 2.2$，$R_2 = 6$，$C_1 = 5$，$C_2 = 4$，$i = 0.5$，$j = 0.2$，随着时间 t 的变化，参数 y 初始取值为 0.1 和 0.4 时，点值向 O（0，0）演化，而 y 初始取值为 0.6 和 0.9 时，点值向 Q（1，1）演化，而随着参数 i 取值的不断变大，而参数 j 取值不断变小，参数 y 取值分别为 0.1、0.4、0.6 以及 0.9 时，点值均朝着 Q（1，1）演化，也即新进入创意企业 1 和创意企业 2 都采取"强化协作"策略。

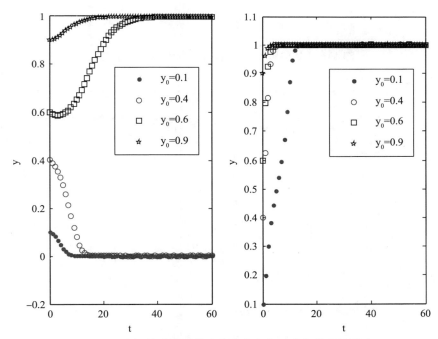

图 4 - 3　选择某种协作策略的概率变化对演化结果的影响

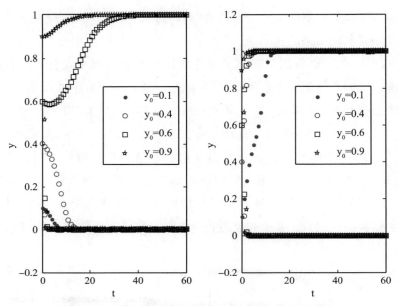

图4-4 期望协作收益值的变动对演化结果的影响

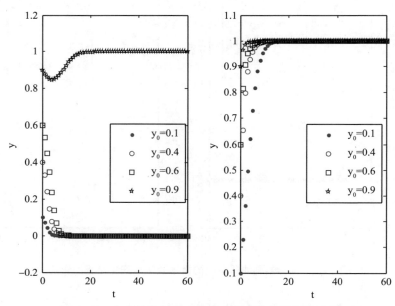

图4-5 企业双方协作成本的变动对演化结果的影响

图 4 - 4 直观地显示出期望协作收益值的变动对演化结果的影响。在同类别创意企业策略选择过程中，左图期望协作收益值 $R_1 = 2.2$，$R_2 = 6$，其他参数值不变，参数 y 取值为 0.1、0.4 时，点值朝着 O（0，0）演化，而当参数 y 取值为 0.6 以及 0.9 时，点值朝着 Q（1，1）演化。右图期望协作收益值变化为 $R_1 = 5$，$R_2 = 2$，其他参数值不变，可以发现最终点值会朝着 O（0，0）和 Q（1，1）两个方向演化。这可以理解为演化结果同时还受到双方企业选择某种策略的初始概率值的影响。

同理，图 4 - 5 反映了企业双方协作成本的变动对演化结果的影响。在同类别创意企业策略选择过程中，左图中双方企业的协作成本分别为 $C_1 = 5$，$C_2 = 4$，当参数 y 取值为 0.1、0.4 和 0.6 时，点值均朝着 O（0，0）演化，而仅当参数 y 取值为 0.9 时，点值会朝着 Q（1，1）演化。而右图中双方企业的协作成本分别改变为 $C_1 = 3$，$C_2 = 5$，当参数 y 取值为 0.1、0.4、0.6 和 0.9 时，点值均朝着 Q（1，1）方向演化。也就是说通过政府政策不断降低企业间协作成本将会引导企业开展协作活动。

4.3.4　由模型得出的结论

通过对模型分析可以看出，积极培育集群内企业间的信任氛围，改善集群内企业间信任缺乏的现状，这对于企业间建立合作至关重要。另外加强政府公共服务平台建设，可以帮助企业获得较为公正和真实可信的合作伙伴的信息，能令所需信息企业客观评价对方企业，因而能从更大程度上帮助企业选择优质协作伙伴，减少企业的机会主义行为以及逆向选择的可能性。转变政策扶持方式。从静态扶持转变为动态扶持，从给予政策优惠到重点关注企业能力水平建设，通过激励企业开展创新性活动和协作创新，实现企业竞争能力的动态提升。

4.4　跨区域创意集群协同创新网络与外部环境协同演化

"协同演化"一词最早是出现在生物学中，现也通过类比的方式被运用到社会经济系统中。国外学者简森（D. H. Janzen, 1980）给出了严格的协同演化定义，即一个物种的个体行为受另一个物种个体行为影响而产生的两个物种在进化过程中发生的关系，是两种（或多种）具有密切的生态关系但不交换基因的生物的联合进化。其中两种生物互相施加选择压力，使一方的进化部分地依靠另一方的进化。学者米科·朱赫蒂奥（Mikko Jouhtio）认为协同演化是指持续变化发生在两个或多个相互依赖、单一的物种上，它们的演化轨迹相互交织并且相互适应。而国内学者黄凯南将协同演化定义为：互动者之间必须存在相互的反馈机制，它们的演化动力是交织在一起的，即一个互动者的适应性变化会通过改变另一个互动者的适应而改变其演化轨迹，后者的变化又会进一步制约或促进前者的变化①。从广义的概念来理解，协同演化又可以指生物与生物、生物与环境之间在长期相互适应过程中的共同进化或演化。当前，许多经济学者将协同演化的分析方法植入集群组织与其外部环境的互动关系研究中。基于共同演化的视角，由众多企业所构成的集群组织与其外部环境之间是一种动态的互动关系，集群组织是整个创新生态系统的一个要素，而外部环境实质是其他组织和要素构成的集合，因而集群通过与环境中其他要素的互动来影响环境的变化，从而创造对自身有利的外部条件，而环境反过来又影响集群间创新网络的演化行为，迫使集群适应其他组织和要素的变化。也即创意产业集群协同创新网络与环境是相互影响、相互依赖的，集群行为影响和改变环境，而其本身也是受环境影响的产物。创新网络根植于其所处的环境并与之共同演化②。

创意产业集群协同创新网络与其外部环境共同演化具有以下四方面特性：

1. 互为因果关系

在对协同演化的定义中已经述及协同演化的双方是一种双向或多项的

---

① 黄凯南. 共同演化理论研究评述［J］. 中国地质大学学报（社会科学版），2008，8（4）.
② 李大元，项保华. 组织与环境共同演化理论研究述评［J］. 外国经济与管理，2007，（11）.

因果关系，不是谁决定谁的单项因果关系。创意产业集群协同创新网络作为一个由多个创意产业集群组成的中观层次的大型创新组织，在外部环境（制度、政策、国内外需求）的影响下，在集群协同创新网络内部自组织机制的作用下有着自身的演化路径，而经过正反馈机制的作用，集群协同创新网络的演化又对外部环境（例如政府政策）的动态演化有着影响。同样集群组织与其内部成员之间也存在着这种共同演化的多向因果关系，变化可能出现在所有互动组织的群体中，并通过多向的直接或间接互动与其他系统建立反馈关系。国外学者列文（Lewin）和沃尔伯达（Volberda）指出，在这样一个复杂的关系系统中，区分决定性变量和非决定性变量是没有意义或者不可能的，因为任何一个变量的变化都有可能是由多种变量互为因果关系内生引起的[①]。

2. 多层嵌入性

多层性是指协同演化不仅仅发生在一个层级中，同样还发生在其他较低或较高层级中以及发生在层级之间。国外学者佩蒂格鲁（Pettigrew）考察了企业内部环境（包括资源、知识、能力、企业文化、权威等）和外部环境（包括经济、政治和社会等因素）两个层级的共同演化。而鲍姆（Baum）和辛格（Singh）的研究明确考虑了组织内部、组织、群体和社区四个层级互动的共同演化[②]。当描述一个较为复杂的经济系统如跨区域创意产业集群协同创新网络的演化轨迹时，需要建立多层级互动的共同演化的反馈机制。嵌入性的提出是演化经济学与新古典经济学中对个体被预设为超越社会结构（个体所在的社会、文化、历史背景和政治因素等）的独立存在体假设的显著区别之处。在协同演化理论中，则将个体的行为嵌入在更为广阔的文化、历史、政治和意识形态等社会制度环境中，使得对集群协同创新网络的演化路径更具有现实的说服力。

---

① Lewin A. Y. , H. W. Volberda. Prolegomena on Co-evolution：A Framework for Research on Strategy and New Organizational Forms [J]. *Organization Science*，1999，(5).

② Baum J. A. C. , J. V. Singh. *Evolutionary Dynamics of Organizations* [M]. New York：Oxford University Press，1994.

3. 复杂系统特征

共同演化具有明显的复杂系统特征。跨区域创意产业集群协同创新网络与其外部环境之间互动或反馈机制往往呈现出非线性以及自组织和他组织过程的相互交织。跨区域创意产业集群协同创新网络的自组织演化过程实质就是通过与外界环境的物质和能量交换以及子系统间的交互与协同作用，经历着从无序到有序，再从有序到无序的周而复始的过程。跨区域创意产业集群协同创新网络的他组织（或被组织）特点是指集群外部各种环境因素通过集群系统内部的自组织机制发生作用，影响集群协同创新网络内各个要素以及结构发生变化，从而影响整个跨区域创意产业集群协同创新网络系统演化发展。跨区域创意产业集群协同创新网络的演化过程中同样离不开他组织的积极推动作用。他组织过程不是集群自身自发、自主的过程，而是被外部动力驱动的组织过程或结果，推动集群发展的他组织主要包括政府等职能管理机构以及其他行业竞争者。跨区域创意产业集群协同创新网络自组织过程的演进方向受到政府利用法律手段和政策工具的干预和影响，需要政策通过这些举措维护公平的竞争秩序和良好的商业环境。政府这只"看不见的手"通过规范和引导集群的自组织行为行使着其在干预市场中的作用。外部环境他组织因素是集群健康、有序演变的重要条件，他组织的行为必须遵循集群系统自身的发展规律，他组织的推动力通过集群自组织发挥作用，转化集群内创意企业的自觉行动。由于变量间具有双向或多向的互为因果关系，一个变量的变化对于另一个变量变化的作用往往不同于直接或简单的因果关系。在多层级的共同演化中，系统演化将呈现出更多的复杂性和不确定性。

4. 正反馈效应和路径依赖

正反馈效应是跨区域创意产业集群协同创新网络与外部环境共同演化的重要机制。正反馈效应意味着集群本身具有创造新奇、传递新奇和扩散新奇的自组织能力，系统或秩序是处于不断扩展中的。正反馈机制促使集群内外部的变化对其自身影响不断放大，使得集群间协同创新网络变得不稳定，进而离开原有状态。正反馈效应的产生主要源自知识的外部性和边际报酬递增。随着创新知识的不断扩散，其所具有的正外部性特征更加显著。同时创新知识在扩散过程中会衍生出更多的创新，这使知识的边际报酬呈现递增状态，这种循环累积的正反馈效应使集群间协同创新网络与其所处的环境处在共同演化中。如果仅仅将集群间协同创新网络视为对环境的简单适应，而不考虑环境变化和组织行为变化之间的因果关系，就很难正确理解组织的行为和绩效。路径依赖和正反馈效应有着紧密的联系。在正反馈机制的作用下，随机的非线性系统可能会受到某种偶然事件或是上一时期的演化轨迹的影响，而沿着一条固定的轨迹或路径演化下去，即形成一种不可逆转的自我强化趋势，从而形成路径依赖。而路径依赖的形成又有赖于个体认知结构或心智模型，稳定的认知结构或心智模型会导致集群组织演化较大的惰性和较强的路径依赖。

第 5 章

多维邻近视角下跨区域协同创新
网络构建的影响因素分析

5.1 多维邻近视角下跨区域协同创新的研究现状述评

邻近性理论已经成为国内外学者研究企业间协同创新的重要理论。最初的邻近理论专指空间地理位置的接近，如经济学家马歇尔（Marshall）提出的产业集聚和产业区理论、波特（Porter）教授提出的产业集群理论都是从地理邻近（空间邻近）的视角阐述企业可以获得创新的外部性资源，也就是空间距离的临近使得企业以较低的成本获取大量外部性收益，从而增强了企业的核心竞争力并进而形成竞争优势。近年来，国内外学者就地理邻近对企业间合作创新的影响开展了大量研究，学者霍克曼等（Hoekman et al.，2010）使用欧洲 33 个国家在 2000~2007 年公开出版物的数据对地理邻近的影响进行了分析，并得出与地理邻近的伙伴进行合作的趋势没有减弱[1]。而学者彼得鲁泽利（Petruzzelli，2011）对企业与大学合作申请专利的研究同样表明地理邻近对产学研合作创新的绩效影响依然显著[2]。随着时间的

---

[1] Hoekman J. et al. Research Collaboration at a Distance：Changing Spatial Patterns of Scientific Collaboration within Europe [J]. *Research Policy*，2010，39（5）：662 – 673.

[2] Petruzzelli A M. The Impact of Technological Relatedness，Prior Ties，and Geographical Distance on University-industry Collaborations：A Joint-patent Analysis [J]. *Technovation*，2011，31（7）：309 – 319.

推移，在研究区域间企业协同创新方面越来越多的学者将原本单一的地理空间邻近视角拓展到更多维度上，认为邻近性应该是一个多维度的概念。20 世纪 90 年代法国邻近动力学派提出邻近应该覆盖一系列维度，认为邻近性应该不仅仅指地理空间位置的临近，其他维度的邻近性也方便了企业间的相互学习和创新。学者阿希姆和伊萨克森（Asheim and Isaksen，2002）强调了社会文化和制度维度在协同创新中的重要性，认为研究和高等教育机构、负责技术转移的组织、职业培训机构以及商业协会等在其中扮演了重要角色①。学者玛丽安·斯坦莫（Marianne Steinmo，2016）等认为地理、认知、组织和社会维度的邻近性是许多企业和公共研发机构维持合作的重要推动因素，并通过对 15 个成功的协同创新合作项目的长期跟踪研究得出了对于新合作的构建不同邻近性维度的重要性因企业性质的变化而改变的结论②。荷兰学者博希马（Boschma，2005）③ 则认为地理邻近既不是企业间开展合作的必要条件也不是充分条件，博希马（Boschma，2005，2010）④ 还进一步将邻近性从五个维度进行了定义：即认知邻近、组织邻近、社会邻近、制度邻近以及地理邻近。国外学者克里斯蒂安·盖尔德斯（Cristian Geldes，2014）等运用邻近性视角对智利的农商产业集群内企业间的市场合作进行了实证研究，得出了不同维度的邻近性对企业间开展市场合作的影响程度及其各维度间的相关关系⑤。

国内学者党兴华、弓志刚（2013）基于 1999～2009 年我国 30 个区域

---

① Asheim B. & Isaksen A. Regional Innovation Systems：The Integration of Local "sticky" and Global "Ubiquitous" Knowledge [J]. *Journal of Technology Transfer*，2002，27（1）：77 – 86.

② Marianne Steinmo & Einar Rasmussen. How Firms Collaborate with Public Research Organizations：The Evolution of Proximity Dimensions in Successful Innovation Projects [J]. *Journal of Business Research*，2016，69：1250 – 1259.

③ Boschma R. Proximity and Innovation：A Critical Assessment [J]. *Regional Studies*，2005，39（1）：61 – 74.

④ Boschma R. & Frenken K. *The Spatial Evolution of Innovation Networks：A Proximity Perspective* [C]. Handbook of Evolutionary Economic Geography，2010：120 – 135.

⑤ Cristian Geldes. How does Proximity Affect Interfirm Cooperation? A Study of an Agribusiness Cluster [J]. *Journal of Business Research*，2015，68：263 – 272.

间的共同申请专利数据分析了认知邻近性、制度邻近性以及地理邻近性对跨区域技术创新合作的影响，得出如下结论即区域间认知邻近性过高会制约跨区域技术创新合作；而制度邻近性对其有促进作用，另外地理邻近性依然是跨区域协同创新的重要促进因素①。学者吴卫红等分析了认知邻近性、地理邻近性和制度邻近性对京津冀地区协同创新具有正向影响，并指出制度邻近性中的市场化程度相似性是影响三地之间协同创新的显著因素，而制度邻近性中的地方保护程度相似性则构成了制约因素②。

5.2 多维邻近性对跨区域协同创新的影响机理

考虑到在邻近性问题的研究中被广泛接纳的程度，本书沿用荷兰学者博希马（Boschma）教授对于邻近性五个维度的划分即地理邻近性、制度邻近性、认知邻近性、社会邻近性以及组织邻近性，将分别进行阐释其对跨区域协同创新的影响机理：

学者阿内特·魏特林（Anet Weterings）③ 和霍夫曼（Hoekman）④⑤ 认为尽管经济发展的全球化趋势明显，但大量的企业互动行为依然发生在地理位置邻近的企业之间，因而地理邻近仍然是跨区域企业间协作网络构建的一个重要因素。地理邻近通常是以行为主体间的地理空间距离（以公里数为绝对数或是以空间旅途时间为相对数）为衡量指标，也就是协作组织之间距离越远，企业能获取正外部性的强度越弱，在企业间转移隐默知识

---

① 党兴华，弓志刚. 多维邻近性对跨区域技术创新合作的影响 [J]. 科学学研究，2013，31（10）：1590 – 1600.

② 吴卫红等. 京津冀省市间创新能力相似性、耦合性及多维邻近性对协同创新的影响 [J]. 科技进步与对策，2016，33（9）：24 – 29.

③ Anet Weterings & Ron Boschma Does Spatial Proximity to Customers Matter for Innovative Performance? [J]. *Research Policy*，2009，38：746 – 755.

④ Hoekman J，K. Frenken and F. Van Oort. Collaboration Networks as Carriers of Knowledge Spillovers：Evidence from EU27 Regions [J]. *CESPRI Working Paper*，Bocconi University，Milan，2008：222.

⑤ Hoekman J，K. Frenken and F. Van Oort. The Geography of Collaborative Knowledge Production in Europe [J]. *Annals of Regional Science*，2009，43（3）：721 – 738.

就越困难，反之亦然。

制度邻近性是指合作企业各自所在区域的宏观制度层面的邻近或是相似程度，包括法律法规等正式制度以及文化习俗及价值观念等非正式制度内容。法律规范等正式制度层面的相似度能保证跨区域的合作主体能有效实施交互式的学习和创新行为，为跨区域创新合作的开展营造稳定良好的制度环境。而相似语言、价值观念和文化习俗等非正式制度层面确保了知识、信息在跨地区间传递的便利性[1][2]。

以威茨（Wuyts）[3] 为代表的学者认为认知邻近性是指认知主体觉察、说明、理解和评估世界方式的相似性，也就是说为了能够交流理解和处理这些新的信息和知识，这些异地间的企业需要具有大体相似的认知基础。与此同时还需要合作企业间有着相似的知识吸收能力，这种能力使跨区域开展合作创新的企业能够识别、解释和探究所获得的新知识，从而使得有效的知识转移和合作成为可能。

社会邻近性概念源自根植性理论。学者博希马（Boschma）将社会邻近定义为在微观层面上根植于社会的企业间关联。植根于企业间的关系靠着经常性的相互作用而产生的亲切感和经历最终形成了相互间的信任，这样的信任关系携带了大量有关潜在合作伙伴的信息并以此增加了跨区域组织参与企业间创新网络的可能性。基于个人熟悉的社会网络作为共同工作经历的结果，成为在互惠条件下知识交换的重要载体。

国外学者托瑞和吉利（Torre and Gilly）[4] 将组织邻近性定义为相类似的关系空间，它以多种性质的有效相互作用为基础，行为主体因为共享相同的空间和知识而相互关联并呈现出相似性特征。为了降低新知识产生的

---

① 李琳等. 组织合作中的多维邻近性：西方文献评述与思考 [J]. 社会科学家，2009，7：108 - 112.

② 李琳等. 多维邻近性与创新：西方研究回顾与展望 [J]. 经济地理，2013，33（6）：1 - 7.

③ Wuyts S. Empirical Tests of Optimal Cognitive Distance [J]. *Journal of Economic Behavior & Organization*，2005，58：277 - 302.

④ Torre A & Gilly J. P. On the Analytical Dimension of Proximity Dynamics [J]. *Regional Studies*，2000，34：169 - 180.

不确定性和机会主义，通过组织邻近而形成的强有力控制机制来确保创新者的知识产权和新技术的投资者能获得足够的回报，因而组织邻近有利于跨区域间知识学习和协同创新。

5.3　多维邻近性对跨区域协同创新影响的实证分析

5.3.1　构建概念模型

从上述学者对多维邻近性的解释来看，其直接构成了跨区域协同创新的影响因素。文章采用学者博希马（Boschma）教授五个维度的邻近性观点，认为地理邻近是跨区域间企业协同创新的重要影响因素。根据学者韦特林和霍克曼对地理空间位置邻近性的解释，通过设立三个指标变量即"区域空间距离""合作成本""人才和知识流动频率"以反映潜变量"地理邻近"。

认知邻近是跨区域间企业协同创新的重要影响因素。根据学者博希马对于认知邻近的定义，可通过设立三个指标变量即"相似的知识吸收能力""相似的知识基础"以及"互补知识和技术储备能力"来反映潜变量"认知邻近"。

组织邻近是跨区域间企业协同创新的重要影响因素。根据学者努特布（Nooteboom）[1] 对于企业间关联的阐释，通过设立三个指标变量即"企业组织结构类似""企业管理体制相似""企业互信程度"来反映潜变量"组织邻近"。

社会邻近是跨区域间企业协同创新的重要影响因素。根据学者布雷斯基（Breschi）[2] 和阿格拉瓦尔（Agrawal）[3] 对于人员流动性导致的社会关系网络

---

① Nooteboom B. *Inter – Firm Alliances*：*Analysis and Design* ［M］. London and New York：Routledge，1999. 239 –255.

② Breschi S. & F. Lissoni. *Mobility and Social Networks*：*Localized Knowledge Spillovers Revisited* ［M］. CESPRI Working Paper，Bocconi University，Milan，2003：142.

③ Agrawal A，I. Cockburn & J. McHale. Gone but Not Forgotten：Knowledge Flows，Labor Mobility，and Enduring Social Relationships ［J］. *Journal of Economic Geography*，2006，6：571 –591.

建立从而产生了社会邻近的解释，可以设立三个指标变量即"过往合作经历""员工了解信任程度""社会关系网络相似度"来反映潜变量"社会邻近"。

制度邻近是跨区域间企业协同创新的重要影响因素。根据学者博希马、霍尔以及索斯凯斯（Boschma、Hall and Soskice）① 对区域间制度相邻的分析，可以设立三个指标变量即"激励政策""公平市场制度"以及"文化习俗价值观相似度"以反映潜变量"制度邻近"。

依据上述分析，可构建如下影响因素的概念模型（见图 5-1）：

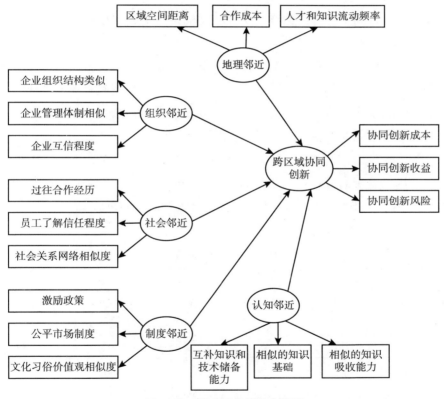

图 5-1　影响因素的概念模型

---

① Hall P. A. and D. Soskice（eds）. Varieties of Capitalism. *The Institutional Foundations of Comparative Advantage*，Oxford：Oxford University Press，2001：65-77.

5.3.2 验证性因子分析

目前长三角地区已经形成以上海、杭州、苏州为中心的动漫产业发展带，这三个城市都拥有国家首批动漫产业基地。上海、杭州和苏州的动漫产业集群之间互动合作频繁，因而三地之间有着较为典型的跨区域协作特点，为此本书选取这三个城市的动漫制作及其相关企业作为问卷调查对象。

调研采用多地多企业序时展开的方式，先后赴上海张江和外高桥文创产业园区、苏州工业园区创意产业园以及杭州西湖数字娱乐产业园等文创园区进行实地调研，调研共向 78 家规模各异的动漫制作企业发放问卷 200份，实际收回有效问卷 173 份。另外还委托上海市经信委企业处对部分与文创产业相关的高新技术创新型企业发放了问卷，共收回有效问卷 43 份。因而课题组此次调研共收回有效问卷 216 份。课题组成员对欧瑞动漫等 8家规模型动漫企业的负责人进行了深度访谈。

从表 5-1 可以看出，KMO 检验的数值为 0.783，KMO 统计量在 0.70以上，因子分析的适合性为中度，而在 Bartlett 球形度检验中 Sig. 数值为0.000，小于 0.05，因而问卷观察指标适合进行因子分析。

表 5-1   KMO 值和 Bartlett 球体检验

Kaiser – Meyer – Olkin Measure of Sampling Adequacy		0.783
Bartlett's Test of Sphericity	Approx. Chi – Square	1325.459
	df	105
	Sig.	0.000

从表 5-2 总方差解释变异量列表可以看出，选取特征值大于 1 的因子，也就是前 4 个因子，其能解释累积总变异量的 65%，因而提取前 4 个因子进行因子分析是合适的。

表 5 – 2   总方差解释变异量

因子	初始特征值			平方和载荷量萃取			旋转平方和载荷量		
	总数	方差%	累积%	总数	方差%	累积%	总数	方差%	累积%
1	4.910	32.731	32.731	4.910	32.731	32.731	3.254	21.691	21.691
2	2.088	13.918	46.649	2.088	13.918	46.649	2.344	15.628	37.319
3	1.685	11.230	57.879	1.685	11.230	57.879	2.216	14.773	52.092
4	1.125	7.497	65.377	1.125	7.497	65.377	1.993	13.285	65.377
5	0.906	6.041	71.418						
6	0.730	4.869	76.287						

资料来源：Extraction Method：Principal Component Analysis.

从表 5 – 3 旋转后的因子载荷矩阵可以看出，潜变量组织邻近的三个指标变量即企业组织结构类似、企业管理体制相似、企业互信程度和社会邻近的三个指标变量即过往合作经历、员工了解信任程度、社会关系网络相似度在第一个因子上有着较高的载荷系数，因而可以将第一个因子称为组织与社会邻近因子。同理，第二个因子称为认知邻近因子，第三个和第四个因子分别称为地理邻近因子和制度邻近因子。

表 5 – 3   旋转后的因子载荷矩阵

项目	因子			
	1	2	3	4
区域空间距离	0.083	0.141	0.794	− 0.017
合作成本	0.029	0.019	0.828	0.157
人才和知识流动频率	0.044	0.053	0.867	0.108
相似的知识吸收能力	0.102	0.780	0.133	0.099
相似的知识基础	0.225	0.848	0.044	0.123
互补知识和技术储备能力	0.090	0.882	0.043	0.123
企业组织结构类似	0.681	0.129	0.155	0.120

项目	因子			
	1	2	3	4
企业管理体制相似	0.680	0.210	0.064	0.066
企业互信程度	0.604	0.010	-0.052	0.381
过往合作经历	0.808	-0.033	-0.033	0.143
员工了解和信任程度	0.704	0.217	0.149	0.245
社会关系网络相似度	0.744	0.103	-0.006	0.126
激励政策	0.267	0.207	0.213	0.672
公平市场制度	0.155	0.025	-0.009	0.859
文化习俗价值观相似度	0.295	0.229	0.162	0.682

资料来源：Extraction Method：Principal Component Analysis.

学者吴明隆在综合分析了国外学者的观点后认为对个别显性变量的项目信度应在 0.5 以上，依此进行判别，列在每个公共因子里的观察变量的载荷系数均应该大于 0.5。另外，潜在变量的组合信度和平均方差抽取量能较好地反映出模型内在结构适配情况。组合信度反映了一组潜在构念指标的内部一致性程度，也即所有测量指标分享该因素构念的程度，组合信度高表示测量指标之间有着高度的内在关联存在。反之则认为测量指标间的内在关联度低。国内外学者对潜在变量组合信度的判别依据较为一致，认为应该在 0.6 以上。从表 5 - 4 可以看出四个潜在变量的组合信度都大于 0.6，这表示每个潜在变量的测量指标间均存在着高度的内在关联。另外，潜在变量的平均方差抽取值表示相较于测量误差变异量的大小，潜在变量构念所能解释指标变量变异量的程度，也就是说当潜在变量平均方差抽取值较大（大部分学者一致认为其值应大于 0.5）时，表示指标变量可以有效反映其潜在变量，因而认为该潜在变量具有良好的信度和效度。组织与社会邻近和认知邻近两个潜在变量的平均方差抽取值虽未能达到 0.5，但已经很接近该临界值，而地理邻近和制度邻近潜在变量的平均方差抽取值均大于 0.5，可见潜在变量的指标变量基本能有效反映各潜变量。总之，通过对上述指标的分析，可以认为模型内在结构较为适配。

表 5 - 4 　　　　　　　模型内在结构适配度评估表

项目	组织与社会邻近	认知邻近	地理邻近	制度邻近
潜在变量的组合信度	0.8254	0.8397	0.8075	0.7414
是否适配（>0.6）	是	是	是	是
潜在变量的平均方差抽取量	0.4435	0.4924	0.5869	0.6397
是否适配（>0.5）	接近	接近	是	是

5.3.3　结构方程模型构建

通过上述的验证性因子分析可以看出其中四个影响因子即"地理邻近""认知邻近""组织与社会邻近"和"制度邻近"对跨区域协同创新有着显著的影响作用。因此可以提出如下假设：

H1："地理邻近"对"跨区域_协同创新"具有正向影响。

H2："认知邻近"对"跨区域_协同创新"具有正向影响。

H3："组织与社会邻近"对"跨区域_协同创新"具有正向影响。

H4："制度邻近"对"跨区域_协同创新"具有正向影响。

学者博希马和奥兹曼（Boschma and Ozman)[①] 认为以上影响因子之间又存在着相互的促进关系，因此又可以提出如下假设：

H5："地理邻近"与"组织与社会邻近"具有正相关关系。

H6："组织与社会邻近"与"制度邻近"具有正相关关系。

H7："制度邻近"与"认知邻近"具有正相关关系。

H8："组织与社会邻近"与"认知邻近"具有正相关关系。

H9："地理邻近"与"认知邻近"具有正相关关系。

H10："地理邻近"与"制度邻近"具有正相关关系。

---

① Ozman M. Interfirm Networks and Innovation：A Survey of Literature ［J］. *Economics of Innovation and New Technology*，2009，18（1）：39 - 67.

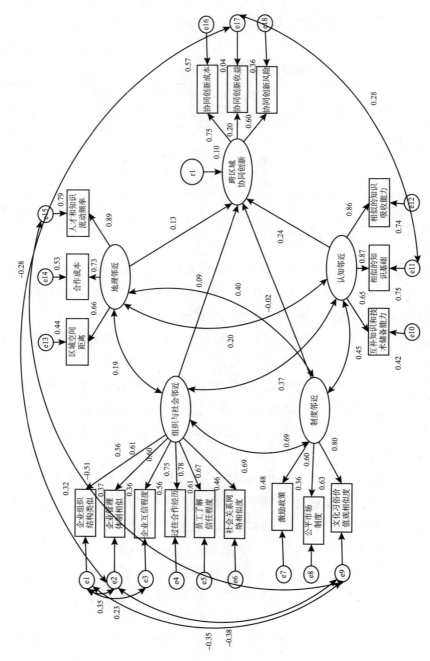

图5-2 跨区域协同创新影响因素的结构方程模型

　　上述图 5 - 2 是运用了 Amos 7.0 软件绘制的结构方程模型运行结果。首先要判别整体模型适配度，表 5 - 5 是整体模型适配度检验摘要表。

表 5 - 5　　　　　　　　　　整体模型适配度检验摘要表

统计检验量	检验结果数据	适配标准	模型适配判断
绝对适配度指数	—	—	—
CMIN/DF（卡方自由度比）	2.154	<3	是
RMR 值	0.044	<0.05	是
RMSEA 值	0.073	<0.08	是
GFI 值	0.902	>0.9	是
AGFI 值	0.843	>0.9	接近
增值适配度指数			
NFI 值	0.838	>0.9	接近
RFI 值	0.928	>0.9	是
IFI 值	0.906	>0.9	是
TLI 值	0.875	>0.9	接近
CFI 值	0.904	>0.9	是
简约适配度指数			
PGFI 值	0.615	>0.5	是
PNFI 值	0.646	>0.5	是
PCFI 值	0.697	>0.5	是
AIC 值	340.230 < 342.000 340.230 < 1602.730	理论模型值小于独立模型值 且同时小于饱和模型值	是
CAIC 值	592.120 < 1090.173 592.120 < 1681.485	理论模型值小于独立模型值 且同时小于饱和模型值	是

　　由于本次问卷收回的规模数为 216 份，属于中等规模的样本数，因而在绝对适配度指数中可选用卡方自由度比值（规范卡方）作为适配判断指标，CMIN/DF（卡方自由度比）等于 2.154 < 3，表示模型适配良好。RMR

值等于 0.044 < 0.05，RMR 值越小表示模型适配度越佳，通常其值在 0.05 以下是可以接受的适配模型。而 RMSEA 值等于 0.073 < 0.08，一般而言 RMSEA 值在 0.05 ~ 0.08 之间表示模型良好，能合理适配。GFI 值等于 0.902 > 0.9，AGFI 值等于 0.843 < 0.9，该指标未能达到适配标准，但也相对接近临界值。在增值适配度指数中 NFI 值等于 0.838 < 0.9，未能达到适配标准，同样 TLI 值等于 0.875 < 0.9，同样未能达到适配标准。而 RFI 值等于 0.928 > 0.9，IFI 值等于 0.906 > 0.9，CFI 值等于 0.904 > 0.9，可见后三个指标均大于临界值，达到适配标准。在简约适配度指数中，PGFI 值等于 0.615 > 0.5，PNFI 值等于 0.646 > 0.5，PCFI 值等于 0.697 > 0.5，表示模型适配度通过。AIC 值和 CAIC 值的判别标准是理论假设模型的数值小于饱和模型值和独立模型值，从表中可以看出理论模型的 AIC 值等于 340.230 < 342.000 且 < 1602.730，CAIC 值等于 592.120 < 1090.173 且 < 1681.485，可见模型适配度良好。

从综合分析上述模型适配度的整体状况来看，认为假设模型和样本数据之间能够适配（见表 5 - 6）。

表 5 - 6　　　　　　　　　　理论模型回归权重

项目			Estimate	S. E.	C. R.	P	Label
跨区域_协同创新	←	地理邻近	0.126	0.064	2.011	0.258	par_14
跨区域_协同创新	←	组织与社会邻近	0.102	0.052	1.959	0.583	par_15
跨区域_协同创新	←	制度邻近	-0.017	0.009	-1.973	0.910	par_16
跨区域_协同创新	←	认知邻近	0.194	0.091	2.117	0.034	par_17
区域空间距离	←	地理邻近	1.000				
合作成本	←	地理邻近	1.127	0.125	9.021	***	par_1
人才和知识流动频率	←	地理邻近	1.339	0.150	8.918	***	par_2
企业互信程度	←	组织与社会邻近	1.000				
企业管理体制相似	←	组织与社会邻近	1.107	0.155	7.165	***	par_3
企业组织结构类似	←	组织与社会邻近	0.948	0.126	7.528	***	par_4

续表

项目			Estimate	S. E.	C. R.	P	Label
过往合作经历	←	组织与社会邻近	1.388	0.167	8.310	***	par_11
员工了解信任程度	←	组织与社会邻近	1.395	0.166	8.420	***	par_12
社会关系网络相似度	←	组织与社会邻近	1.127	0.146	7.717	***	par_13
相似的知识吸收能力	←	认知邻近	1.000				
相似的知识基础	←	认知邻近	1.168	0.092	12.660	***	par_7
互补知识和技术储备能力	←	认知邻近	0.788	0.078	10.051	***	par_8
文化习俗价值观相似度	←	制度邻近	1.000				
公平市场制度	←	制度邻近	0.776	0.100	7.749	***	par_5
激励政策	←	制度邻近	0.750	0.089	8.380	***	par_6
协同创新成本	←	跨区域_协同创新	1.000				
协同创新收益	←	跨区域_协同创新	0.268	0.117	2.295	0.022	par_9
协同创新风险	←	跨区域_协同创新	0.896	0.312	2.872	0.004	par_10

以极大似然法估计各回归系数参数结果，表5-7中有五个参照指标值设为1不予估计，仅有"制度邻近→跨区域协同创新"回归系数的参数值为负数，而"地理邻近→跨区域协同创新""组织与社会邻近→跨区域协同创新""认知邻近→跨区域协同创新"回归系数的参数值均为正数，符合假设。而表中所有的估计标准误介于0.009~0.312之间，另外参数估计值的临界比值（C. R.）的绝对值均大于1.96，总体而言，模型的内在质量较好。

表 5-7　　　　　　　理论模型标准化回归系数

潜在变量相互关系			估计值
跨区域_协同创新	←	地理邻近	0.128
跨区域_协同创新	←	组织与社会邻近	0.086
跨区域_协同创新	←	制度邻近	-0.021

续表

潜在变量相互关系			估计值
跨区域_协同创新	←	认知邻近	0.237
相似的知识吸收能力	←	认知邻近	0.860
相似的知识基础	←	认知邻近	0.866
互补知识和技术储备能力	←	认知邻近	0.650
区域空间距离	←	地理邻近	0.661
合作成本	←	地理邻近	0.725
人才和知识流动频率	←	地理邻近	0.889
企业组织结构类似	←	组织与社会邻近	0.562
企业管理体制相似	←	组织与社会邻近	0.612
企业互信程度	←	组织与社会邻近	0.603
过往合作经历	←	组织与社会邻近	0.752
员工了解信任程度	←	组织与社会邻近	0.781
社会关系网络相似度	←	组织与社会邻近	0.675
激励政策	←	制度邻近	0.692
公平市场制度	←	制度邻近	0.600
文化习俗价值观相似度	←	制度邻近	0.796
协同创新成本	←	跨区域_协同创新	0.752
协同创新收益	←	跨区域_协同创新	0.200
协同创新风险	←	跨区域_协同创新	0.596

表 5-7 反映出理论模型的标准化回归系数即标准化回归加权值，潜在变量间的标准化回归系数就是潜在变量间的路径系数，潜在变量对指标变量的标准化回归系数为因素载荷值。从潜在变量间的路径系数可以看出，"认知邻近→跨区域协同创新"的路径系数为 0.237，较其他潜在变量的影响系数大，而"地理邻近→跨区域协同创新""组织与社会邻近→跨区域协同创新"的影响系数分别为 0.128 和 0.086。而"制度邻近→跨区域协同创新"的路径系数则为负数即 -0.021。而表中潜在变量对指标变量的

标准化回归系数除潜在变量对其指标变量即"跨区域协同创新→协同创新收益"的路径系数为 0.20 较小外，其他路径系数均大于 0.5，呈现出较高的因素载荷值，即表示潜在变量的观察变量的个别信度较好。

从表 5-8 可以看出，4 个外因潜在变量之间的协方差估计值均大于 0，也就是说 4 个外因潜在变量的共变关系不等于 0，呈现出了正相关关系。而表中的估计标准误介于 0.023~0.043 之间，且参数估计值的临界比值（C. R.）的绝对值均大于 1.96，符合模型的最初假设，能较好地体现出外因潜在变量之间的结构关系。

表 5-8　　　　　　　　　　　　理论模型回归权重

项目			Estimate	S. E.	C. R.	P	Label
地理邻近	←→	组织与社会邻近	0.049	0.023	2.172	0.030	par_18
组织与社会邻近	←→	制度邻近	0.221	0.039	5.625	***	par_19
制度邻近	←→	认知邻近	0.207	0.043	4.860	***	par_20
组织与社会邻近	←→	认知邻近	0.116	0.029	4.024	***	par_21
地理邻近	←→	认知邻近	0.076	0.032	2.393	0.017	par_22
地理邻近	←→	制度邻近	0.154	0.039	4.009	***	par_23

从表 5-9 中可以看出，4 个外因潜在变量之间的相关关系有强弱之分，但总体都呈现出较为显著的正相关关系。"组织与社会邻近←→制度邻近"的相关系数最大，为 0.694，而"地理邻近←→组织与社会邻近"的相关系数最小为 0.186。

表 5-9　　　　　　　　　理论模型标准化回归系数

潜在变量相互关系			估计值
地理邻近	←→	组织与社会邻近	0.186
组织与社会邻近	←→	制度邻近	0.694

续表

潜在变量相互关系			估计值
制度邻近	←→	认知邻近	0.450
组织与社会邻近	←→	认知邻近	0.369
地理邻近	←→	认知邻近	0.199
地理邻近	←→	制度邻近	0.404

5.3.4 模型最终结论和解释（见表5-10）

表5-10　　　　　　　　　　假设验证结果

假设	结论
H1："地理邻近"对"跨区域_协同创新"具有正向影响	假设成立
H2："认知邻近"对"跨区域_协同创新"具有正向影响	假设成立
H3："组织与社会邻近"对"跨区域_协同创新"具有正向影响	假设成立
H4："制度邻近"对"跨区域_协同创新"具有正向影响	假设不成立
H5："地理邻近"与"组织与社会邻近"具有正相关关系	假设成立
H6："组织与社会邻近"与"制度邻近"具有正相关关系	假设成立
H7："制度邻近"与"认知邻近"具有正相关关系	假设成立
H8："组织与社会邻近"与"认知邻近"具有正相关关系	假设成立
H9："地理邻近"与"认知邻近"具有正相关关系	假设成立
H10："地理邻近"与"制度邻近"具有正相关关系	假设成立

从模型运行的路径系数来看，"认知邻近""地理邻近""组织与社会邻近"和"制度邻近"这四个潜在变量对"跨区域协同创新"潜变量均有影响，其中影响最大的是"认知邻近"潜在变量，这与课题组对动漫制作等高新企业进行访谈得出的结论相吻合。对于动漫制作这种高技术创新型企业而言，创意思想的获取尤为重要，不同地区的创作人员可以通过网络实现交流，对方企业的制作技术则是企业选择合作的关键要素，具体而

言，当对方企业拥有较高的创作水平和本企业所需要的关键技术时，双方合作需求就此产生了。可见，"认知邻近"对于跨区域协同创新来说更为重要。"地理邻近"对跨区域协同创新也有着正向影响，通过实地调研发现，对于文创企业而言，"地理邻近"依然也是跨区域协同创新的一个促进因素。"组织与社会邻近"也是跨区域协同创新的促进因素，企业间具有相似管理体制并有着过往的合作经历、人员间相互熟悉并有着工作往来，这些因素都为企业间开展合作奠定了良好的信任基础。"制度邻近"反向影响着跨区域间协同创新，这个结论与最初的假设相悖。制度邻近性体现在各地激励政策、公平的市场制度以及文化习俗和价值观念的相似性，但对于文创这种创意型产业而言，创意源的产生需要多元文化的交融，不同制度文化传统中的企业因为拥有着截然不同的文化基因，也更有可能产生合作的需求。也就是制度、文化、习俗和价值观念的差异性更可能促成跨区域文创企业的合作。

假设提出的四个外因潜在变量间的相关关系均成立。具体而言，"地理邻近"与"组织与社会邻近"具有正相关关系，地理位置的邻近使得相邻近地区间人员往来以及知识信息的交换更为频繁，而这就成为组织与社会邻近的基础。"组织与社会邻近"与"制度邻近"具有正相关关系，这体现为企业间的合作以及社会关系网络的相似性使得区域间趋向于融合，区域一体化进程加快倒逼相邻地区间的政府部门加快实施制度政策一体化。"制度邻近"与"认知邻近"具有正相关关系，因为"认知邻近"的企业间文化习俗、价值观念等更可能相似。"组织与社会邻近"与"认知邻近"具有正相关关系，由于人才资源会在不同地域间的同类企业间经常性的流动，这些因人才流动而形成的组织与社会关系的邻近性使得企业间的认知能力和水平也相近。"地理邻近"与"认知邻近"具有正相关关系，地理位置较为靠近的企业间，由于经常性的人员往来和技术交换，形成了企业间认知能力的趋同现象。"地理邻近"与"制度邻近"具有正相关关系，"地理邻近"的企业间因发展需要而开展合作，跨区域间合作的增多会要求区域制度环境的一体化。

第 6 章

国内外跨区域创意产业集群（或创新型产业集群）创新网络构建的经验借鉴

6.1　长三角一体化国家战略背景下的跨区域创意产业集群协同创新[①]

6.1.1　加强顶层设计

长江三角洲区域作为世界六大城市群之一，在世界经济版图中占据着重要地位，目前三省一市（江苏省、浙江省、安徽省和上海市）的地域面积为 35.9 万平方公里，常住人口为 2.2 亿，经济总量为 19.5 万亿元，分别占全国的 1/26、1/6 和 1/4。[②] 长三角地区自古就是我国经济社会较为发达的地区之一，改革开放 40 多年以来已经成为我国经济最具活力、开放程度最高、创新能力最强的区域之一。习近平总书记在 2018 年 11 月于首届中国国际进口博览会上宣布了将长江三角洲区域一体化发展上升为国家战略，自此长江三角洲区域发展一体化有了国家层面的顶层设计。将长三角一体化战略上升到国家战略层面既是深化对外开放，与其他国家开展合作的外部需求，同时也是长江三角洲城市群相互对内开放，实施全面创新合

---

①②　百度网，https：//baijiahao.baidu.com/s？id＝1618327060014932246&wfr＝spider&for＝pc.

作的内在需求。长三角城市群实施一体化发展战略将有助于发挥各自的资源优势，形成群聚效应，以一体化的创新突破来实施国家的创新驱动发展战略，从而以更高质量参与全球合作竞争。为了配合已经上升为国家战略的长三角区域一体化，国家发改委正在编制《长三角一体化发展规划纲要》（以下简称《规划纲要》）。《规划纲要》将注重推动长三角地区三省一市间产业融合和创新发展，并通过打造长三角未来发展示范区，为跨省市产业布局和区域融合发展探索新模式。2018 年 11 月 29 日，中共中央　国务院《关于建立更加有效的区域协调发展新机制的意见》全文发布，也对长三角区域一体化发展提出新要求即进一步完善长三角区域合作工作机制，深化三省一市在规划衔接、跨省重大基础设施建设、产业机构布局调整、改革创新等方面的合作。再者，2008 年以来，国家层面针对长三角地区也已经发布了三个重要文件，分别是 2008 年的《国务院关于进一步推进长江三角洲地区改革开放和经济社会发展的指导意见》、2010 年的《长江三角洲地区区域规划（2011～2020）》和 2016 年的《长江三角洲城市群发展规划》。可见，长三角区域层面的合作由来已久，在三省一市政府和相关职能部门的共同努力下，目前长三角区域一体化发展不断取得新成效和新突破。目前，已经成立长三角区域合作办公室，三省一市派出的人员已经到位，办公地点放在上海。并已制定三年行动计划，真正体现整体谋划、务实推进。

当前长三角地区将从以下几方面加以推进落实：一是规划对接。重点加强规划对接，强化功能布局互动，形成分工合理、各具特色的空间格局。二是战略协同。三省一市都承担着一些重大的国家战略和重要的改革举措，比如自贸试验区建设、行政审批制度改革、科技和产业创新中心建设等。各省市将共同推进试点，共享改革成果，放大改革创新示范效应和带动作用。三是专题合作。长三角已有交通、产业、科技、环保等 12 个方面的专题合作，接下来将进一步提升专题合作质量，增强基础设施的互联互通、公共服务便利化等。四是市场统一。更加注重运用市场的力量，进一步消除市场壁垒和体制机制障碍，共建一批开放性的合作平台，在更大范围内推动资源整合、一体化共享。五是机制完善。在已形成决策层、协调层和执行层"三级运作"机制的基础上，进一步完善常态长效机制，配强专业力量。总之，将进一步强化创新驱动，共建内聚外合的创新网络，在长三角地区率先构建我国区域协同创新共同体。

6.1.2 不断探索创新长三角跨省市产业融合发展模式

事实上，近期长三角地区跨省市产业融合发展的模式探索也正加速推进。

2018 年 12 月 30 日，中新嘉善现代产业园项目正式签约落地浙江省嘉善县，成为继浙江平湖和上海金山共同打造国内首个跨省市产业融合创新实践区之后，在浙沪交界地区又一次探索跨省市产业融合创新的实践。

但与地跨沪浙两地的"张江长三角科技城"不同的是，此次中新嘉善现代产业园由苏浙沪三地间的不同功能要素共同构建。作为长三角一体化上升为国家战略后的首个区域合作重大产业平台，中新嘉善现代产业园规划未来将地跨上海和浙江毗邻交界地区，由苏州工业园区和浙江嘉善共同协作建造，将在合作区域探索实行"双主体"管理机制。

长三角综合性科技资源共享服务平台初现雏形。目前，长三角正推进大型仪器设备、科技文献等科技资源共享平台建设，已经汇聚超过 2.98 万台（套）大型科学仪器设备和大科学装置，总价值超过 400 亿元人民币；作为服务平台重要节点的"上海·苏州科技资源开放共享与协同发展服务平台"已经开通，汇聚两地 1700 余家服务机构、2 万余台仪器设备，两地在科技资源共享服务相关的绩效评价、扶持标准上实现同步。①

长三角正探索"创新券"在区域内的通用，推动长三角范围内科技资源的互认，加速各类创新要素跨区域开放、共享和流动，上海已与浙江长兴、嘉兴、海宁，江苏宿迁、苏州、无锡高新区等地实现"创新券"通

---

① 上海人大网，www.spcsc.sh.cn/n1939/n2440/n7267/ulai206627.html。

用。举办首届长三角国际创新挑战赛，建立长三角企业需求联合发布机制和科技服务机构数据库，吸引海康威视、依图科技、科大讯飞等长三角企业和美国、法国、荷兰等国的相关机构广泛参与。

另外，长三角推动建设一批合作平台和载体，G60 科创走廊成为典型的创新空间。上海西南门户松江 2016 年率先提出面向长三角、沿 G60 高速公路构建共建共享、产城融合的科创走廊。两年来，G60 科创走廊的影响力不断扩大，吸引了众多百亿级项目在此落户，成为打造长三角高质量一体化发展的重要引擎。G60 科创走廊沿 G60 高速公路构建，辐射范围扩大到杭州、嘉兴、金华、苏州、湖州、宣城、芜湖、合肥共 9 个城市，沿线是中国经济最具活力、城镇化水平最高的区域之一。来自 9 个地市的 28 位工作人员进驻这间 G60 科创走廊联席会议办公室，开启面对面的 9 个区市合作办公模式。G60 科创走廊集聚了一大批百亿级项目，在 G60 科创走廊松江段，沿线产业园区贡献了松江 90% 以上的工业产值，集中了松江 60% 的规模以上企业，集聚了 40 多家世界 500 强企业，15 个国家和省部级重点实验室、研究中心，以及 100 多个市区两级工程技术研究中心、企业技术中心。

由上海研发服务公共平台（上海科技人才发展中心）牵头，会同江苏省生产力促进中心、浙江省科学信息技术研究院、安徽省科学技术研究院共同升级建设长三角区域科技共享服务平台，加快科技资源合理流动与开放共享。具体以"4＋1＋x"模式推进，4 是三省一市科技资源具体管理方，1 是一个具体运行主体，通过共享平台、资源地图、运行维护等，落实资源积聚和资源开放，x 是鼓励吸引一批科技资源机构、用户、企业等，实现资源共享，区域共建。长三角产业和创新资源标识图也正在编制中，集成电路、新能源汽车等重点领域长三角产业和创新资源将一目了然，为长三角联合开展技术攻关提供靶点、重点产业项目落地提供方向、产业链配套建设提供指引。

长三角地区还积极推进"一网通办"等改革举措，制定园区联盟组建方案，推动九城市产业园深度合作；青浦、昆山、吴江、嘉善签署环淀山湖战略协同区一体化发展合作备忘录和多个专项协议；嘉定、昆山、太仓打造协同创新圈；成立长三角机器人与智能制造合作组织、长三角开发区协同发展联盟等多个合作载体。

6.1.3 各地区政府协同"搭台"，各地区文创企业协同"唱戏"

首届长三角国际文化产业博览会从 2018 年 11 月 29 日持续到 2018 年 12 月 2 日，这是长三角文化产业超级盛宴。众多长三角著名的文创企业纷纷参会，如 SMG 上海文化广播影视集团、上海电影（集团）有限公司、凤凰出版传媒集团、江苏省广电集团、阿里巴巴集团、横店集团、科大讯飞股份有限公司、安徽出版集团……还有 Bilibili、蜻蜓 FM、网易云音乐、喜马拉雅、沪江教育……这些耳熟能详的标志扎堆儿出现在展馆。

该次博览会共有 330 家参展单位亮相，其中，上海单位 107 家、江苏单位 91 家、浙江单位 58 家、安徽单位 63 家、海外机构及进出口企业 11 家。

展区分为"价值链""新动能""新视野""酷天下"和"最乐活"5 个板块，涵盖广播影视、数字内容、网络视听、动漫游戏、创意设计、艺术品交易、文化装备、演艺娱乐等领域，产业展示区打破省级界限，三省一市文化企业参展互相融合、共同呈现，展览规模超过 2 万平方米。

上海有国家对外文化贸易基地、文化产权交易所、国际艺术节等国家级甚至国际级平台；而浙江拥有大批影视投资与制作公司和影视基地，互联网文化产业发展也势头正劲；江苏有丰富的传统文化产品，广播电视传媒行业发展位居全国前列；安徽借助人工智能与大数据技术，在文化装备与服务等领域渐为领先——长三角地区已成中国文化产业创新发展重镇。

文化产业集群推高了产业水平，带动了整个城市群区域发展，衍生出了文化创意产品，更扩大了国际影响。加强区域间文化产业交流，将有助于推动文化产业群互鉴合作、整体提高，推动长三角地区的高质量发展。

举办长三角文博会，将聚焦服务国家文化发展战略，探索文化产业区域发展一体化新模式，为全国文化改革发展提供可复制、可推广的经验。

在长三角城市设分公司、联动运行，催生互联网与影视后期制作及文化服务类企业已成常态。随着长三角高质量一体化发展深入推进，人才、技术、信息、资源等交流将愈加方便，长三角文化产业发展已经变得更加一体化。

6.1.4　努力构建创意产业园区联盟

"长三角创意（产业）园区联盟"并非今日才提上议事日程，早在 2009 年上海相关组织就探索与泰州构建创意产业园区联盟，以打造长三角创意产业圈。2016 年 3 月在长三角城市经济协调会上，为推进城市之间的创意经济合作，会议批准成立了长三角协调会创意经济合作专业委员会。

自长江三角洲区域一体化发展上升为国家战略以来，各产业各领域的互联互通将成为未来趋势。值得注意的一点是，创意产业的 IP 化升级与 IT 化发展共存时代已来临。在 2018 上海世界创意经济峰会主论坛上，官方发布了这样几个消息，即长三角创意经济合作专业委会与 DC Network（欧洲比利时佛兰德地区创意产业的主要支持组织）签署战略合作协议；"上海无畏创意经济区域合作促进中心"正式获批；长三角创意产业园区联盟发布倡议书。本届峰会的主题"IP 与 IT 联动、园区与创意共生"，探讨如何以文创 IP 与科技 IT 的方式，联动长三角一体化发展。这些消息意味着，长三角城市创意经济合作正在继续推进。

以创意经济的区域合作交流为重点，推动长三角城市创意资源的互联互通，是实现长三角地区高质量一体化发展的重要手段。

美国、加拿大等国 10%～12% 的人口就业于文化创意产业领域，世界范围内 3% 的 GDP 来自文创产业的贡献。世界各国发展文创产业都看中旅游观光产业，因为独特的文创产业能够吸引游客，直接拉动当地经济的增长和旅游出口。

在当前，创意产业的发展规模和发展水平，正在成为衡量一个国家和地区综合竞争力的重要标志。2017 年 12 月，上海发布《关于加快本市文化创意产业创业创新发展的若干意见》，未来五年，基本建成现代文化创意产业重镇；到 2035 年，全面建成具有国际影响力的文化创意产业中心。

其中，创意（产业）园区，是地方创意经济发展根本的载体空间、专业空间与战略空间，将成为各地创意经济发展的策源地、集聚地与扩散地。作为生产力高度发达的地区，长三角一体化要为构建现代化经济体系做出标准和示范。

长三角创意产业园区联盟倡议书提到，成立长三角创意（产业）园区联盟，倡议与会的创意产业园区及景区、街区等单位一起共建联盟，让联盟成员在互助发展中联手推进长三角区域一体化进程，以及中国创意经济的发展。

长三角创意经济合作专业委员会（CECC）倡议争取用一年左右的时间商议联盟成立的相关事宜，在组织架构、服务内容方面达成共识，为联盟成员积极对接优质资源，有效搭建服务平台，助力联盟成员创新发展、提质升级。

长三角创意经济合作专业委员会认为将以创意的无边渗透、国际交往、产业驱动为基础，通过文创 IP 与科技 IT 的联动，园区生态与创意创新的共生，联动长三角，推进全世界创意经济发展与交流合作。

11 月 29 日，由江苏省影视动漫协会、浙江省影视动漫联盟、安徽省动漫协会、上海市动漫行业协会共同发起筹建的"长三角动漫产业合作联盟"，在首届长三角国际文化产业博览会上正式签约成立。长三角区域是中国动漫企业主要集聚区，市场发达、业态丰富，域内企业在动漫全产业链和价值链上协作交流非常活跃。"长三角动漫产业合作联盟"将依托长三角区域文化创意先进、经济发展迅速的优势，为长三角动漫企业搭建一个交流和合作的平台，倾力打造国内最具权威、最有影响力的动漫合作联盟。

6.2　粤港澳大湾区文化创意产业的协同发展①

2018 年 10 月，港珠澳大桥开通仪式在广东珠海举行。港珠澳大桥跨越伶仃洋，东接香港特别行政区，西接广东省珠海市和澳门特别行政区，其开通对推进粤港澳大湾区建设具有重大意义。目前，粤港澳大湾区是中国经济发展最快的区域之一，区域内文化创意类产业呈现出快速发展势头。香港文化及创意产业在粤港澳大湾区城市群中处于领先地位；澳门文化产业起步较晚，基本属于文化服务业，尚未成为地区支柱产业；而珠三角地区文化产业及其相关制造业则占据较大比重。粤港澳大湾区发展目标是构建开放型经济新体制，打造全球范围内最有活力的世界级经济区，建设未来亚太地区活力充沛、富有竞争力的创意集聚区。

粤港澳大湾区 11 座城市文化产业发展程度明显呈现分层次现象，区域内新兴产业发展迅猛，珠三角地区文化产业内部结构需要调整，港澳地区文化产业发现亟须注入新活力。

当前粤港澳大湾区城市文化产业发展各有优势，打通生产要素流通通道，优化资源配置结构，加快培育和引进创意人才与创新人才，健全知识产权与版权保护法律法规，深化区域内合作等，是未来推动区域文化产业发展的必经之路。

6.2.1　粤港澳大湾区文化产业发展特征

1. 区域内地区间文化产业发展不平衡

粤港澳大湾区共涵盖 11 座城市，就文化产业发展程度而言，呈现明显的梯度现象。

就产值总量而言，深圳市、广州市与香港大幅领先于区域内其他城市。深、广、港三座城市都拥有发展相对成熟且特色鲜明的文化产业，处

---

① 凤凰网，http：//wemedia. ifeng. com/83697456/wemedia. shtml。

于区域内文化产业发展的第一层次。

处于第二层次的澳门、东莞、佛山、惠州四个城市文化产业各有长短。但从文化产业总量以及产业发展现状角度来看，这四个城市与第一层次城市差距较大。

位居第三层次的是中山、江门、珠海、肇庆四市，其文化产业无论从规模还是 GDP 占比与第一和第二层次的城市都相距甚远，缺乏生产资本与专业人才。

2. 珠三角地区与文创相关的新兴业态发展迅猛

广东省文化产业主要集中在珠三角区域，2015 年珠三角地区文化产业继续维持全国领先地位。2015 年广东省增加值超过百亿元的产业是互联网信息服务业、玩具制造、珠宝首饰及有关物品制造、软件开发、工程勘察设计、电视机制造、音响设备制造、广告业、专业化设计服务、影视录放设备制造。其中专业化设计服务以及影视录放设备制造行业增加值首次突破百亿元。以"互联网＋"为主要业态的文化信息传输服务业属于后起之秀，短时间内超越多种传统产业。就增长值而言，增长最快的互联网信息服务、软件开发行业等体现文化科技创新能力的行业，足以证明广东省文化产业的创新潜力。高科技迅猛发展是珠三角区域文化产业拥有创新驱动力的重要原因，基于此文化科技类行业近年来逐渐缩小与拥有绝对优势的文化产品制造业之间的差距。

3. 珠三角地区文化产业内部结构需要调整

珠三角地区制造业发达，广东省文化产业占比一直位居全国第一与其文化产业制造业发达有很大关系。长期以来，珠三角地区依靠实力雄厚的文化生产制造企业，带动文化产业增加值持续增长。2015 年广东文化制造业增加值超过全省文化产业增加值总额的一半，地位不言而喻。

尽管文化制造业优势依然明显，文化产业服务业却是 2015 年广东文化产业中发展最快的门类，2015 年规模以上文化服务业共收获增加值 924.9 亿元，同比提升 5.5%，占总增加值的 1/3 左右，由此可见文化服务业目前是广东省文化产业战略布局的重点之一。

尽管文化服务业发展势头迅猛，珠三角地区文化产业结构依然不科学。文化制造业在整个产业格局中所占比重过大，严重影响了产业内部结构优化。文化制造业处于文化产业链的下游，珠三角区域欲从"加工制造"文化产业链下游低端位置向"研发创意"上游环节靠拢，就目前而言仍需要一段发展时间。为优化该区域的文化产业内部结构，最重要的举措之一是，着重提升地区文化产业创新力，通过高附加值产品获取更大的经济效益。

4. 港澳地区创意产业发展亟须注入新活力

2015 年，香港地区文化及创意产业实现增加值 1089 亿港币，同比微降 0.7%；澳门地区同年创意产业增加值为 20.5 亿澳门元，占 GDP 比重为 0.6%。

相较于珠三角地区近几年创意产业的中高速增长，港澳地区尤其是澳门的创意产业发展进程较为迟缓。

香港地区文化及创意产业分类精细，产业配套设施已较完善。香港经济发展成熟，服务业占比大，本地市场规模小，目前本地创意产业发展已经趋向饱和。

澳门地区创意产业 GDP 占比少，由于经济结构内博彩业独大，留给刚起步的创意产业的发展空间很小。

可见港澳地区创意产业发展后劲不足，亟须外来经济动能的加入。

港澳应当积极借助粤港澳大湾区提供的平台，将自身优秀文化资本对内地输出，扩大本地创意产业在中国内地市场中的规模，为自身创意产业发展提供新的驱动力。近年来随着中国内地经济不断发展，文化消费水平日渐提高，内地成为港澳地区重要的文化产品输出地。港澳亟须利用自身国际化都市多元文化优势，借助创意设计、信息服务等优势产业，进一步加强与内地经济的联系，吸引内地投资，扩大其创意产业对本地经济的贡献。

6.2.2　粤港澳大湾区创意产业发展的路径

粤港澳大湾区发展目标是构建开放型经济新体制，打造全球范围内最有活力的世界级经济区。湾区发展需要区域内城市互联互通，共同建设合作平台，进一步提升区域经济一体化水平。粤港澳大湾区内城市各自拥有创意产业发展的优势与短板，珠三角区域必须重视与港澳的分工与合作，合理配置三大核心城市的生产要素，建设未来亚太地区活力充沛、富有竞争力的创意集聚区。

1. 明确城市分工，推动区域创意产业协同发展

粤港澳大湾区城市创意产业发展各有优势，优化资源配置结构、明确各城市分工，是推动区域创意产业发展的必经之路。

处于第一梯队的三大核心城市创意产业竞争力较强，需要强化优势，积极担当起区域发展的领头角色。

广州具备良好的进出口贸易与服务业发展的条件，作为中国最早对外开放的城市之一，海陆空交通便利，是国家重要中心城市，具备带动区域辐射的作用。

深圳是创新能力强、高新技术人才高度集聚的城市，具备国家创新城市与经济中心城市的双重地位，创新是其城市竞争力的核心，是湾区经济发展创新驱动力的提供者，应当担当先行者的作用，引领区域创意产业在产业结构、科技与制度上的创新。

香港作为国际大都市，金融、航运、贸易行业发达，具备担当大湾区创意产业与国际交流的窗口的优秀条件。香港创意产业法律法规健全、发展成熟，将成为区域内创意产业的引导者，为珠三角地区与澳门提供先进经验，注入国际元素。

第二梯队的澳门、东莞、佛山与惠州创意产业发展已有各自特色，存在大的提升空间，需要充当承上启下的角色，承接第一梯队产业动能提升自我，扩大区域辐射。

澳门服务业发达，且与葡萄牙语国家联系密切，应进一步推动其文化旅游业发展，是湾区创意产业另一扇对外展现的窗口。

东莞与惠州制造业发达，人力与土地资源相对来说价格较低，可承接深圳文化制造业转移，并依靠自身优势重点培植优势产业同时丰富产业业态，打造涵盖全面、规模大、品质高、层次丰富、特点鲜明的创意产业发展生态。

　　佛山紧靠广州，历史文化底蕴深厚，文化旅游业成为其创意产业发展的主要方向之一，可充当承担广州文化服务业迁移并尝试发展其他方向的创意产业，提升创意产业发展水平。

　　第三梯队的中山、珠海、江门、肇庆目前创意产业竞争力较弱，需要加强相关基础设施建设，加大政策扶持力度与资金投入。发挥自身土地与劳动力资源丰富且成本较低的优势，承接区域内其他地区部分产业转移，缩短与其他城市差距，补齐区域创意产业发展短板，为区域创意产业发展提供动力，通过区域内城市的分工，形成区域内创意产业层层推进的发展格局，有助于粤港澳大湾区创意产业形成功能齐全、结构合理、发展均衡的区域产业集群，从而带来具备高竞争优势的城市群规模效应。

　　2. 打通生产要素流通通道，优化资源配置

　　粤港澳大湾区的多元化制度背景也为该区域带来独特的优势。政府所要做的应当是打通流动通道，引导要素流动，促进区域内资源的合理分配。对于以区域经济一体化为明显标签的湾区经济来说，打通生产要素流动通道是"互联互通"理念的基本要求，是深化区域内合作促进共同发展的有力举措。

　　创意产业的发展离不开经济基础的支持。区域内不同城市的企业或组织的资金输入与政府的资金投入对于创意产业发展来说一样重要。例如，深港通的开通提升了资本在粤港的流动程度，方便区域内不同地区的企业或组织对创意产业的投资。资本的融通有利于区域资本优化配置，让资金流动到需要的地方以发挥更大的作用，因此进一步健全资本流通体系，对推动区域创意产业发展有重要的意义。

　　鼓励不同地区间企业相互投资，发挥企业作为市场主体的作用，对创意产业融资也有重要意义。创意产业的发展离不开专业人才，当前区域内创意产业相关人才分布不均衡，大多数人才集中在三大核心城市。建立健全创意人才交流平台与服务机构，引导区域内文化创意人才自由流动，实现区域内相关人才平衡分布。人才的顺利流动与合理分配对创意产业均衡发展、缩短城市差距有重要意义。因此政府可出台有关政策措施，提升竞

争力较弱城市对文化创意人才的吸引力，帮助城市创意产业迎头赶上。

3. 加快人才培养，提升区域产业软实力

优秀的从业人才是创意产业发展的核心。目前，湾区内创意人才与创新人才资源相对较为紧张。可考虑在区域内城市合作共建有针对性的专业人才培养机构，培养拥有国际视野、专业知识丰富的创意产业相关专业人才，如产业运营管理、新媒体运营、艺术、设计、创作等。设立文化创意产业专题工作坊，促进高校人才相互交流与水平提升，促进高校培养人才与社会营运机构的交流，增加人才实践经验，帮助其毕业后更快融入区域内创意产业发展进程中。

大力支持科研机构、高校科研活动与科研人才培养，加大资金投入，增加区域发明专利申请量与授权量，增强科技创新软实力，提升创意产业技术含量与发展层次，加强科研高校与社会企业的联系与合作，对新技术的开发项目提供政策优惠，促进科技创新成果的应用与商业化，真正建立"产、学、研"三位一体的创新体系。

4. 深化区域合作，建设世界级创意产业中心

粤港澳大湾区是广东省与香港地区、澳门地区过去几十年合作的进一步升级，《深化粤港澳合作 推进大湾区建设框架协议》是从国家层面对接区域合作。广东省自由贸易试验区包括广州南沙、深圳前海、珠海横琴，布局区域合作平台，为深化内地与港澳合作展开了积极探索，也为区域试行创意产业管理方法、税收政策、市场制度提供了机会。三大自贸区分别担当深化广州海港优势、深港深度合作以及粤澳深度合作的角色，其中支持横琴自贸区与澳门加强合作，有利于大湾区增加与葡萄牙语系国家的经贸往来。

充分利用港澳自由贸易港的优势，将区域内优秀创意产业推向国际市场，打通文化产品贸易通道，促进文化产品"走出去"，提升区域创意产业国际地位。

创新区域合作机制，在维持现行基本体制不变的情况下最大限度地促进区域间融合，整合粤港澳大湾区内文化资源。

6.3　跨丹麦和瑞典边界厄勒地区的医药创新产业集群协同创新网络

6.3.1　厄勒地区医药创新产业集群发展现状

2012 年在整个欧盟地区有 22 个跨边界区域，其中有 8 个地区被认为是最具竞争活力的地区。厄勒地区地处丹麦和瑞典之间，是一个跨国间的海峡地带，其由两国间的第二大跨海大桥连接，是欧盟 8 个最具竞争活力的地区之一。该地区有着天然的地缘优势，两国之间有着相似的文化渊源和传统，对该两国间的边境区域都有着相同的称呼。厄勒地区的丹麦一侧是首都哥本哈根都市圈，另一侧是瑞典第三大城市马尔默，分别拥有 100 万和 40 万人口。在整个厄勒地区拥有 14 所高等学府如丹麦哥本哈根大学、瑞典隆德大学和隆德理工大学等。

整个厄勒地区拥有 380 万人口并贡献了丹麦和瑞典在 2010 年 GDP 总量的 1/5。此外，每天都有 18500 多人在两地之间通勤，为连接该地区而进行的基础设施投资总共达到 150 亿欧元。随之而来的是有近 50000 名高素质的劳动力被吸引来该地区，厄勒地区目前形成了以生物、生命科学、医药和信息技术为主的产业结构和产业集群。这个跨边界产业集群被命名为医药谷，其以周边北欧邻国将近 5000 万人口的巨大市场为目标群体。

众所周知，要由政府力量来推动一个产业集群的构建，需要政府部门花费大量的时间和财力物力，比如通过大量投资进行基础设施建设以及吸引大批优秀人才入驻。丹麦的哥本哈根都市圈向周边城市转移了传统制造业，而厄勒地区瑞典一侧在 20 世纪 90 年代之前以发展纺织业和造船业为主，随着世界经济一体化并向知识经济转变，厄勒地区丹麦和瑞典两国相邻的地方政府就面临着传统产业转型升级的巨大发展压力，迫切需要扭转日益衰退的城市经济，这使得两国政府不约而同地转向合作，来共同开发跨边界的厄勒地区。

厄勒地区丹麦一侧作为首都大都市圈，经济发展活力强，由于地理位置邻近，位于该地区的大量企业均与周边地区有着较好的互动合作关联。而瑞典政府实施了去中心化的产业政策，因而位于厄勒边境地区的马尔默地方政府也有灵活的产业政策制定权。伴随着 2000 年厄勒海峡大桥的建成以及后续不断地对该地区基础设施的投资，这些都为该地区的跨域融合发展和区域振兴提供了必不可少的基础设施支撑和产业发展新动能。

厄勒地区发起建立了医药谷，旨在将地区打造成欧盟的医药创新产业高地。对该产业的选择是依托该地区拥有 14 所高等学府以及全球主要的制药公司如 Astra Zeneka，Pharmacia Upzone 等。1996 年厄勒地区建立了委员会，委员会将制药产业作为地区发展的核心产业。在 1997 年建立了医药谷学院并设立了由 13 名成员构成的医药谷学术委员会，其成员分别由 5 位教授、3 位医学博士、3 位私营企业的 CEO 以及 2 位政府官员组成。这是基于典型的产业、研发和政府部门构成的三螺旋合作关系，委员会的主要任务是创造出研发中心、医院和企业之间的网络纽带和建构一个生物医学中心。

厄勒地区医药创新产业集群是一个开放式的运作系统，即集群不仅对该地区内的公司开放，还面向区域外的相关公司。在 2010 年有 170 家公司注册成为成员，有 550 家公司参与了集群地研发生产活动，其中绝大部分公司都是医疗、生物技术和制药相关公司。

为了有效和可持续地建设集群，双方区域一致同意成立厄勒地区委员会作为一个执行机构，代表 13 个区域和地方政府以及 32 个委员会成员。两国中央政府作为观察员参加了委员会。在厄勒地区委员会里面的执行委员会每年主持召开四次定期会议，在这几次例会中执行委员会主要讨论决策如何管理欧盟组织的项目内容以及如何建立区域发展项目，此外还通过执行在文化、教育、环境和劳动力市场等方面的内容来增强跨区域间的合作和发展活力。总而言之，厄勒地区委员会事实上构成了管理该地区经济、社会全面发展的政府宏观管理机构。

医药谷是丹麦和瑞典实施跨区域发展政策的最终成果，同时它也是欧盟区域发展项目的一部分。欧盟资助体系体现为结构化的资助方式，例如表现为欧盟区域发展基金、欧盟社会基金、欧盟农业保障基金以及渔业基金等多项基金资助。其中在 2001～2010 年用来资助丹麦和瑞典区域发展的资金总额达到 48 亿欧元。欧盟的资助以及两国政府对厄勒地区的总投入已达到 150 亿欧元。为妥善管理区域发展项目，厄勒地区委员会根据制衡原则进行了工作分工。两国政府共享其角色，由大哥本哈根管理当局负责管理厄勒地区的发展计划，而瑞典政府经济和区域发展管理部门则负责对计划项目的资助。从而丹麦的管理部门聚焦于改善区域治理和社会基础设施，开发和转移新技术以及传播区域发展信息，以此增强区域合作系统，与此同时，瑞典管理部门则负责评估这些主要计划项目并决策是否对其进行资助和融资。

厄勒地区已经建立起了强大的创新环境，目前该地区拥有 32 家医院、12 所大学、10000 多名研发人员和 7 个相邻近的科学园区。这些都是支撑当地生物技术、医学和制药产业快速发展的丰富创新资源。在两国跨边界邻近区域遍布 7 个创新科技园区，这在欧盟地区乃至世界范围内都极为罕见。其中位于丹麦的 CAT 科学园区（园区内拥有 Risoe 国家实验室、Roskide 大学以及丹麦技术大学）、位于瑞典隆德地区的 Ideon 科学园区以及位于丹麦哥本哈根的共生体（Symbion）科学园区在其专业研发领域被称为世界级科技园区，另外还有位于瑞典克里斯蒂安斯塔德的 Krinova 科学园、瑞典马尔默的 Medeon 科学园和孵化器以及位于丹麦一侧的 Scion - DTU 科学园，此外，该地区还建有 6 个孵化器和 80 个签约的研发和制造机构。

厄勒地区有着较为发达的风险资本市场，有 75 个风险投资机构入驻并主要聚焦于生物技术领域，其中国内和国外机构各占近一半的比例。良好的区位优势和研发孵化的一流创新环境是吸引这些风险投资机构入住的重要因素。另外该地区集聚着几家全球主要的制药企业，例如挪威的 Novo Nordisk 公司、瑞典的 Astra Zeneca、Lundbeck、Pharmacia Upjohn 公司以及丹麦的 Leo Pharma 公司等。这些公司通过与当地的几所大学和研究机构开展合作而进行研发活动。同样，医药谷也受到了当地公共部门的资金支持。为了振兴当地的商业和产业活动，对初创企业的资助已经惯例化。2000 年，丹麦政府建立了约有 3 亿欧元的经济增长基金，而瑞典政府设立了约有 4 亿欧元的产业基金，这些资金都配置于支持初创企业和各类其他企业的生产研发活动上（见表 6 - 1）。

表 6 - 1　　　　　　　　　　厄勒地区的科学园（2010 年）

科学园区	区位和所属国家
CAT 科学园区	Risoe 国家实验室，罗斯基勒大学 丹麦技术大学
Ideon 科学园区	隆德，瑞典
Krinova 科学园区	克里斯蒂安斯塔德，瑞典
Medeon 科学园区	马尔默，瑞典
马尔默孵化器	马尔默，瑞典
Scion - DTU	赫斯霍尔姆，林比，丹麦
Sgmbion 科学园区	哥本哈根，丹麦

资料来源：作者根据相关资料整理。

6.3.2　厄勒地区的运行体系以及创新治理

厄勒地区的运行体系由三部分构成，厄勒地区委员会在最终决策中发挥主导作用，厄勒委员会秘书处执行地区委员会的最终决定。而瑞典经济和增长部门当局则应厄勒地区委员会秘书处的要求提供预算予以资助。另外，大哥本哈根地区当局统一协调整个厄勒地区的发展计划。这是一个综合的运作体系和治理结构（见图 6 - 1）。

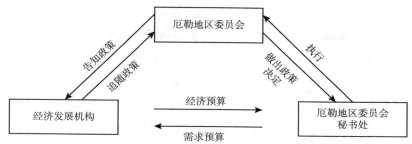

图 6 - 1　厄勒地区的政策制定和执行机构

资料来源：Park S – C. Innovation Policy and Strategic Value for Building a Cross-border Cluster in Denmark and Sweden ［J］. *AI & Soc*, 2014, 29：363 – 375.

　　创新集群内的所有主体都有自己明确的角色定位，比如最终决策权、为处理和实施项目进行管理服务等。集群内大学、研发中心以及诸多医药产业企业执行由厄勒地区委员会发起的项目内容。另外，创新集群内还存在着支持性机构，比如厄勒地区的信息中心、厄勒地区区域一体化研究机构、管理厄勒海峡大桥的协会，支持国外公司的机构，支持创新网络构建的医药谷学院以及面向全球市场开放的网络公司等组织机构。在厄勒地区创新产业集群的运作机制是基于所有参与主体角色分工明确的原则且有着共同的目标从而实现产业集群的可持续增长（见图 6 - 2）。

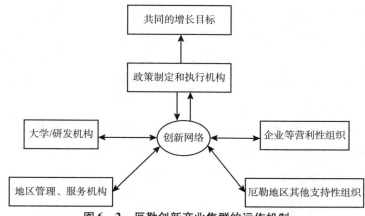

图 6 - 2　厄勒创新产业集群的运作机制

资料来源：Park S – C. Innovation Policy and Strategic Value for Building a Cross-border Cluster in Denmark and Sweden ［J］. *AI & Soc*, 2014, 29：363 – 375.

在 2008 年医药谷创造了 50 亿欧元的产值，该地区已经成为一个在生物技术、医药制剂领域具有较强实力的跨区域创新型产业集群，在该领域已超越德国，并成为英国的强劲竞争对手。另外，随着产业链的延伸，厄勒地区又产生了世界级的食品产业。这是和生物技术研发活动紧密相关的该地区最大的单一产业部门，在生物技术研发过程中产生的食品产业已经在该地区扮演着重要角色并在 2008 年创造了 480 亿欧元的产值，如此强大的产能已经使厄勒地区成为欧盟食品科学领域的首个中心。

综合上述对厄勒地区医药相关的创新产业集群的案例阐释，发现该地区在 2000 年厄勒海峡大桥修建之前，跨海峡的丹麦和瑞典两地之间的互动水平较低，在跨海峡大桥修剪以后的一段时间内两地的交往水平也低于预期，从 2004 年开始两地的交往频率快速提升，已超过预期水平。因此可以认为跨地区的基础设施建设是构建跨边界区域协同创新网络系统的重要条件。2000 年前后这段时间，由于物理空间的阻隔（地理非邻近性）致使跨境两地之间呈现出弱集成系统的创新网络特征。2000 年以后，政策制定者越来越关注对跨厄勒海峡两侧地区经济的合作。在政府部门积极构建跨境合作的公共组织（厄勒地区委员会）的基础上，一些企业跨境组织持续出现，这些跨境组织不仅增强了厄勒地区两侧边界的合作和关联，而且进一步增强了厄勒地区和该地区以外其他地方的研发和生产协作。这些关联组织构成了厄勒地区两侧地带合作的桥梁，增强了两地企业间的组织和社会邻近程度，培育了两地企业和员工间的信任度。因而 2004 年至今厄勒地区跨境协作呈现出半集成创新系统的网络特征。但厄勒地区毕竟是跨边界（国界）空间区域，而丹麦和瑞典的产业结构差异较大，尽管地域文化和历史传承有相通之处，但两个完全不同的社会经济系统要想实现高度融合乃至完全一体化（强集成创新网络系统），这个图景的实现需要两地政府组织在相当长时间内共同努力（见图 6 - 3）。

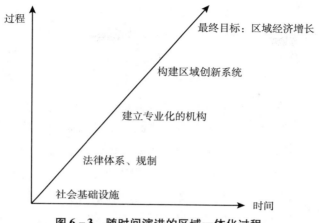

图6-3　随时间演进的区域一体化过程

资料来源：Park S - C. Innovation Policy and Strategic Value for Building a Cross-border Cluster in Denmark and Sweden［J］. *AI & Soc*, 2014, 29：363 -375.

6.3.3　厄勒地区创新产业集群发展中存在的障碍和问题

目前厄勒地区的跨边界医药创新产业集群在发展中还依然存在以下几点瓶颈问题，第一，跨边界两侧的法律制度存在差异，尽管两地有着极为相似的文化、历史和语言传承，但该地区两边都需要克服在不同领域所折射出的法律体系、社会规则和习俗惯例等的差异。虽然两国实行了几十年的福利政策，但在税收领域和劳动力市场存在着显著差异，其原因可解释为两国有着截然不同的产业结构，在丹麦的产业结构中中小企业占主导地位，而瑞典则以大公司、大企业为国民经济中的主要角色。第二，该地区做出最终决策的过程较为漫长，因为厄勒地区丹麦参与决策的政府主体多达100个，包括当地和区域的政府组织和机构，而在瑞典也有33个决策参与主体。在决策制定过程中，这些大量的参与主体因各自的利益相互博弈从而最终妥协并建立协调机制，这使得每一个重要决策过程都需要花费大量时间以达成最终一致。第三，区域共享核心功能，尽管理想的愿景是如此，但在具体执行过程中，发现两者之间分工依然有不匹配的问题。例如，丹麦执行着地区行政管理的职能，而瑞典则负责实施该地区的财务管理。这种共同作用是基于政治术语中的制衡原则。然而在实践中由于哥本哈根和斯德哥尔摩之间的距离比较远，以及彼此在区域发展中的不同观点，致使两者确实存在相互沟通的障碍。第四，跨边界合作是建立在两国合作的基础上的，其实是一种纯粹的基于网络的方法，而不是宪法保障。因此，如果该地区出现严重冲突，将会出现法律空缺。第五，丹麦和瑞典是欧盟成员国，但两国至今还未加入欧盟货币联盟组织，使用本国的货币进行跨区域间的经济合作，其中涉及货币兑换问题，这将降低两国间跨边界地区的经济互动效果和效率。第六，厄勒地区是跨国、跨边界地区，尽管该地区的两侧有着较为相似的文化、历史和语言环境，但厄勒地区还尚未建成统一的行政区划，在该地区的大部分人仍然用自己的身份和国籍，即丹麦国籍或是瑞典国籍。创建一个属于该地区所有人的身份识别系统则需要较长的时间。第七，在近些年，甚至连厄勒地区的医药创新产业集群都面临着就业率不断下降的问题，这和原先的传统产业如纺织和造船产业呈现出相类似的发展趋势，令有关政府管理部门感到困惑。另外国外学者（Teis Hansen，2013）研究了当重大物理障碍突然消失（如厄勒海峡大桥建成）时，是否会直接影响跨边界创新体系中的合作活动。研究结果显示，如果两边的政府组织能够采取有针对性的政策措施，消除跨境地区的内部壁垒（产业结构和社会治理体系的差异）对知识流动会产生实质性和长期性的积极影响，但如果没有这样的政策，就没有效果。也就是说，如果没有政策制度邻近性的调节作用，只是对跨边界地区的实体基础设施进行投资并不会直接生产跨边界的协同创新行为。厄勒跨海大桥刚建成后一段时间内两地企业之间共同申报专利数并没有显著提升便是一个明显的例证。①

---

① Teis Hansen. Bridging Regional Innovation: Cross-border in the Oresund Region [J]. *Geografisk Tidsskrift – Danish Journal of Geography*, 2013, 113 (1): 25 – 38.

第 7 章

创意产业集群跨区域协同创新网络的政策制定分析及政策建议

7.1 政策制定的相关理论基础

传统的产业政策理论基于新古典经济学的"市场失灵"观点，认为需要政府这只"看得见的手"利用政策工具对经济活动进行直接或间接地干预，这形成了政府干预经济活动的直接理论依据，支持这一理论的学者在学界被称为"干预主义"学派。但随着 20 世纪 70 年代芝加哥学派和公共选择理论的崛起，"干预主义"学派的基本思想受到越来越多的质疑和挑战。在公共选择理论中，布坎南（Buchanan）研究了市场经济下政府干预行为的局限性即政府失灵问题。并认为由于政府行为自身的局限性产生的缺陷，进而无法使社会资源配置效率达到最佳。而萨缪尔森（Samuelson）则认为当政府政策或集体行动所采取的手段不能改善经济效率或道德上可接受的收入分配时，政府失效便产生了。赞同该理论的学者被称为经济政策的"自由主义"学派。也就是说"自由主义"学派认为政府干预导致的政府失灵的成本要远高于市场失灵的成本，产业政策应尽可能少地干预市场在资源配置中的作用。

基于创新能力导向的产业政策是以演化经济学理论为基础的，并强调在不确定和复杂环境下对企业动态创新能力的培育。经济学家奈特

（Knight）在其企业理论中十分重视知识的作用，并强调了不确定性的普遍性，他把企业视为通过把各种活动"聚集"在更大的组织单位中来应对不确定性的一种方式。演化经济学家纳尔逊和温特（Nelson and Winter）强调组织和行为可能的多样性以及企业异质性的存在，并认为企业中的知识在很大程度上是默示的、异质的以及依赖于环境的，企业的演化理论更多地关注组织内部的学习过程和发展过程①。

演化经济学认为经济政策的制定应遵循政策制定的试验学习原理，也就是说在人的有限理性、环境的不确定性和复杂性的约束下，应该放弃对最优制度的追求，承认经济政策具有试验性质，并提供制度空间允许决策者有试验的自由，并强调通过公共部门和私人部门之间持续的交互学习，以掌握更多的默示知识和信息，从而帮助决策者做出经济政策的进一步调整和修正②。

7.2 政策演进的必然性

针对跨区域创意产业集群协同创新网络政策演进表现为随着创意集群间协同创新网络的演化发展，需要以不断修正和调整的政策制度对其加以引导和扶持，以促成网络构建和网络成长。本书选择政策实施的外部环境、政策制定者以及政策实施对象三个视角阐述政策演进的必然性。

7.2.1 政策实施外部环境的动态演化特性

演化经济学认为经济政策所面临的外部环境具有复杂性和不确定性。创意产业集群作为一个由众多创意企业构成的中观层次的组织群落，其所处的外部宏观环境包括国内外经济环境、新技术发展状况、新商业模式的呈现以及国家和地方法规制度等众多复杂因素。如若把创意产业集群比作

---

① 霍奇逊. 演化与制度——论演化经济学和经济学的演化［M］. 北京，中国人民大学出版社，2007.
② 贾根良. 演化经济学的综合：第三种经济学理论体系的发展［M］. 科学出版社，2012.

一个系统，则其是一个与系统外部环境有着广泛的物质和资源交换的复杂性开放式系统，而由两个甚至多个复杂性开放系统所连接构成的协同创新网络更是一个较为复杂的协作关系网络，其同样受到网络外部环境复杂多变的影响。在外部环境中任一因素或是多种因素的共同作用下，集群内部环境会因外部环境变化而随之改变，从而影响了集群中微观组织与其他组织的合作行为。如果从自组织理论的视角来看，外部环境对创意集群的影响可看成是他组织的过程即集群外部各种环境因素对创意集群内和集群间企业协作产生影响和形成制约，而这是通过集群系统内部以及相互之间的自组织机制发生作用，影响集群内和集群间各个要素以及结构发生变化，从而影响整个集群系统演化发展。而政府部门可以利用法律手段和政策工具对创意产业集群间协作网络的自组织过程的演进进行干预和影响，以诱导其朝着政府部门所希望的方向演化，从而维护公平的市场竞争秩序和良好的商业环境。

7.2.2 政策制定者决策的有限理性

公共选择理论是以均衡为导向、以比较静态为方法论，相应地，该理论假设存在完全信息和完全理性。而演化经济学理论认为在一个社会中存在着的任何个体都是生活在一定的时空之中，因而包括政策决策者在内都具有有限理性。尽管所有的经济政策制定都是拥有决策权的管理者进行慎重思考而得出的符合当时特定情形的产物，但决策者作为一个有限理性的个体，其做决策的标准是基于当时自身的信息获取和分析判断能力，而该能力是处于动态变化之中的。他们没有所谓的完全信息和完全知识，在做出决策时必然会因此而受限制。政策制定者同样有着基于自身认知的价值观念、个人信念与利益诉求，以及有着受自身知识结构限制的信息处理能力，这些都使得他们在知识的获取过程中有着较强的选择性，一部分信息和知识受到他们的关注并影响其思维过程进而成为其决策的重要参考依据，而另一部分信息和知识则被完全忽略了。相反，随着时空的演变，原本被忽略的信息被重新发现，有时这甚至能根本性地转变政策制定者的观念和态度。综上所述，决策者本身作为处于特定历史时期下一定地域空间中的微观个体，其决策能力和决策过程同样是基于有限理性这个假设的。

7.2.3 政策实施对象的动态演化特性——集群间协同创新网络演化

集群间协同创新网络动态演化过程实质是集群企业间协作关系的共生演进，可人为地将此过程划分为集群间协同创新网络的形成阶段、成长和成熟阶段以及衰退阶段。（1）集群间协同创新网络形成阶段：在创意产业集群形成阶段，通常是由一些小微型创意企业所组成，规模小、雇佣人员少以及创新能力弱是这些企业的主要特征，这些创意企业在规模、人才和技术等方面的异质性使企业之间难以进行知识、信息的有效交流。由于这些企业间缺少合作基础而致使集群内缺乏必要的信任关系，从而使得集群企业间的网络联结度很低，合作网络在短期内难以构建。集群内的集体学习机制无法建立，组织学习能力无法增强，从而导致集群的整体创新能力弱化。（2）集群间协同创新网络成长和成熟阶段：创意产业集群成长阶段是以创意企业的涌现（包括新进入集群以及在集群内新建立的创意企业）和创意产业从业人员的大量增加为特征。随着入驻集群的创意企业不断增加，同时随着政府对集群扶持政策的实施而使得企业发展环境不断优化，企业间交流与合作不断增加，植根于当地的生产协作网络实现了良性循环。随着群内企业获取知识的路径得以进一步拓宽，集群内所建立的集体学习机制已成为企业获得知识和新思维的重要方式，集群此时拥有较高的学习创新能力，整个集群各类组织机构已构建成具有复杂性的创新网络。（3）集群间协同创新网络衰退阶段：创意产业集群经过较长一段时间的发展会出现以下问题：群内各类组织的增加使得创意企业的生产成本大幅上涨、由于群内市场拥挤和竞争使得生产协作网络的维护成本不断增加以及企业创新能力减弱后导致的惰性和僵化现象即路径锁定，这些问题累积成集群增长的巨大阻力，促使集群间协同创新网络失去成长和扩张，从而使整个协同创新网络走向衰亡。

7.3　创意产业集群协同创新网络成长的政策演进趋势

7.3.1　微观层面：对企业的援助性补贴政策转为对企业动态创新能力培育

援助性补贴政策对于大量小微型创意企业建立初期而言是必要且合理的。比如财政补贴、税收减免等措施有效缓解了企业的资金瓶颈，抵补了相当一部分成本费用，减轻了小微型创意企业经营者的压力。但如若该类政策长期实施，则会产生企业的创新惰性，从而导致政策绩效大大降低。此时，政府部门应该依据创意企业发展现状适时调整扶持政策以引导企业积极开展创业和创新活动。演化经济学认为企业是唯一的一种获取和结合各种知识并用于实践中的组织，因此，针对企业的微观政策应主要集中在处于一个演化的技术轨道中企业的能力塑造问题，这包括学习能力、自身的创新能力等[①]。事实上，在创意产业集群内企业持续的创业活动中才有可能产生创新，例如新产品、新知识、新信息以及新技术的产生。而这种创业活动以及由此衍生出的创新行为正是企业在应对外部复杂性环境时所体现出来的最本能的策略。产业政策的作用不是政府部门去发现新信息、新市场机会，而是激励企业等私人部门通过创业和创新活动发现市场新信息，并进而激励其在整个产业集群内的扩散，因而政府部门需要对企业部门的创新能力提升加以引导和扶持。而引导和扶持应该以提供创新需求和学习机会为导向，而不是以提供资金和技术为导向，最终市场表现出的较大创新需求以及企业通过学习而不断累积的学习能力叠加形成了企业的动态创新能力。

---

① 贾根良，赵凯. 演化经济学与新自由主义截然不同的经济政策观 [J]. 经济社会体制比较，2006（2）.

7.3.2 集群层面：从鼓励企业集聚转变为鼓励企业间创新网络的构建

通过构建创意产业集群的方式，将各类创意类企业集中于一定的地域空间，会使该区域内不同创意企业之间的信息沟通得到加强，各类企业在产业集群的整合下互补性得以明显增强，从而更容易产生创新行为。从创意产业集群的发展演化过程来看，在集群形成初期，众多处于初创期的小微型创意企业自有资本少、人才稀缺、原创能力普遍较弱，这时需要政府的援助性补贴政策以弥补企业的初创成本，使企业得以生存。但随着时间的延续，政府部门会发现由于集群内外企业缺乏信任和合作基础，使得产业集群内外企业的创新网络难以有效形成，致使不少创意企业只能选择不合作或是独自创新。因而，根据创意产业集群的发展状况及时调整相应的引导政策显得十分关键。在不完全市场中，创意企业选择合作伙伴进行创新的过程充满着风险，而政府的作用就在于降低企业间合作风险，帮助企业搜寻研发创新过程中所需的互补性知识和信息，通过政策信号和提供企业交流机会积极促成企业间构建创新联盟，形成跨区域集群内外企业间创新网络。而这种集群内外企业间所形成的创新网络是在某一特定区域内由互相联系的若干利益主体所构成且以技术创新为导向的开放式复杂系统，该复杂系统内网络的功能在于能使各个分散、相互孤立的创意组织有效联结，形成了各经济主体之间密切的交互关系，使得不同企业在产品研发中充分学习和使用相互的知识，提高了创新成功的可能性。

7.3.3 政策制定过程：从政府部门独立决策转变为政府部门与企业部门共同决策

经济学家阿罗（Arrow）在著名的《干中学的经济含义》一文中提出了干中学效应，即人们在生产产品与服务的同时也在积累经验，从经验中获得知识，从而有助于提高生产效率和知识总量的增加。同样，政策制定者实际是为产业和企业提供服务的管理决策者，其提供服务的效率与质量也需要通过"干中学"得以提高。演化经济学理论强调经济政策的试验性，即政府部门要提供制度空间允许经济政策的试验，其反映出政策制定过程中的动态性质，也就是说由于现代经济所具有的不确定性和复杂性使得决策者难以认定和选择所谓的最优化策略。我国演化经济学家贾根良教授认为经济政策的试验性质实质上是指不依赖专家的理性设计或领导的个人权威，而是强调多样化的创造活动，并将经济政策看作是一种过程。对经济政策试验性质的强调表明了政策学习的重要性，这种政策学习能为下一步的政策制定提供更为贴近实际的决策依据，而这种学习又包括从多样性中所获得的互动学习、意会性知识的学习以及从失败中总结经验的学习等，其中的互动学习和意会性知识的学习只能是通过两方或是多方共同参与政策制定过程，并进行持续的交互式学习和信息交换才能实现。经济政策制定本身是一种人工选择，但这种选择是一种不断调适的学习过程。美国演化经济学者阿森（Assen M. V.）认为政府部门在经济领域中的主要职能是促进创新，而实现这种职能的有效路径便是公共部门与私人部门之间进行持续的交互式学习，从而帮助政府部门做出有关创新和技术政策的"制度调适"。这种"制度调适"实质上就是政策制定者"学习"的结果。在创意产业集群的政策制定过程中，政府部门作为管理决策者，应摒弃原来的集群发展的"长期计划者"角色，应通过与集群内的行业协会等公共部门以及以企业为代表的私人部门之间进行知识与信息的交流与互动，形成多方的密切合作来帮助企业和集群共同克服发展中的障碍，并进而使政府等公共部门与企业等私人部门之间形成一种新型的战略合作伙伴关系[1]。

7.4　促进跨区域创意产业集群协同创新网络构建的政策建议

目前较为发达的邻近地区间都在实施着跨区域的产业协同发展战略，

---

[1]　周叔莲，吕铁，贺俊．新时期我国高增长行业的产业政策分析［J］．中国工业经济，2008（9）．

例如在区域间共建创意产业园或是建立高科技创意产业园的分园等，这些都促成了区际间的关联，加快了创意产业集群间协同创新的步伐。当前在创意产业集群协同创新过程中依然存在以下主要问题：（1）从实践来看，固有的行政管理体制与区域经济一体化的矛盾难以在短期内消除。对于跨行政区域的共建来说，地方政府总是慎重对待产业的外迁，大规模的产业转移会造成发达地区 GDP 指标大幅下降，进而影响到转出地政府的经济发展绩效，而现有的政府官员绩效考核标准依然是以当地 GDP 的多寡为主要衡量指标，这必然使得政府部门对于开展区域间协同创新的内在动力不足。（2）跨区域间的创意产业集群缺乏明确的产业协作和功能定位，相互协作还停留在初阶层面，互相之间共同竞争格局仍然明显。集群或是园区之间交叉和重复性较大，同质化程度偏高，地域一体化程度无法体现。此外，我国长期以来的财税体制和以 GDP 增长为核心的政绩考核制度对推进跨区域共建产生了一定的制度障碍，使已有合作多数停留在战略层面。各地创意产业集群为追求高 GDP，大力招商引资、比拼优惠政策会导致恶性竞争。（3）创意产业集群之间缺乏明确的利益共享和合作机制。创意产业集群之间以及其各自所属企业之间能够持续协作的根本动力在于合作的收益和成本边界清晰，以及在此基础上所形成的合理的利益共享机制和风险成本分担机制，但从当前实践来看，现有创意产业集群发展良莠不齐，而最大障碍就是利益共享机制存在空白。（4）开展合作的中介联盟组织数量偏少，力量薄弱。联盟组织是跨区域产业集群协同创新的纽带，该类组织少则跨地区间的交流和合作就少，从而相互间的信任关系也就难以建立，区域间关系网络的割裂以及天然的空间位置的分离使得跨区域合作难以实现。

基于上述问题，本书从以下几方面提出了相关政策建议。

7.4.1　企业创新方面的相关政策建议

7.4.1.1　政府应着力帮助创意企业提升知识吸收和应用能力

创意企业对知识吸收和应用的能力源于其有着连续不断地学习新知识和新技术的机会，通过这些学习机会，企业会在不断的学习过程中逐步累积新知识，并通过知识整合形成新的知识生成能力即创新能力得以提升。政府可以通过多种路径帮助创意产业集群内企业获得学习机会：（1）积极促成企业与外界的交流，包括组织企业参加国内外创意产业博览会，努力使企业接触产业发展前沿，为企业提供创意源泉；增强企业与跨国、跨区域的其他创意产业集群企业的合作。（2）政府可为创意企业成员提供所需的培训服务。在国外，通常政府以立法的形式筹措培训经费，将公共资金用于培训已成为合法的举措。职业培训本身就是一种能行之有效提升创意企业员工对专业知识理解、吸收和应用能力的重要路径。由政府出资对企业员工进行培训，可节约企业的培训成本，减轻企业负担。政府部门可委托包括各大学、科研机构、生产力中心和科技培训中心等人才培训机构对集群企业的员工进行专门培训，加强各培训机构之间的横向联系，形成较为完善的企业员工培训教育体系。（3）鼓励创意企业与受众的联系和交流。波特在其书中指出产业集群中的企业应该主动与客户、销售渠道合作，以保持其持续的竞争优势。受众对创意产品的偏好各异致使创意产品的市场需求具有较大不确定性，只有与受众进行有效沟通才能了解市场需求，从而为创意企业的产品提供创作来源，从而提升企业对知识的应用能力。

7.4.1.2　培育良好的企业创新氛围，提升创意企业创新能力

宽松自由的创作氛围是创作人员产生灵感的前提，良好的企业创新氛围对于创意企业来说至关重要。只有在自由的氛围下，人的创造性思维才会畅通无阻地发挥。当人们处于一种自由宽松的环境中，他们往往会表现出更多的积极创新行为，也更加可能产生独特的创新观点和想法。可以通过以下举措培育创意企业创新氛围：（1）政府应当制定激励企业创新的优惠措施。政府激励企业创新的政策引导是重要的外部环境。政府需制定激励企业创新的政策法规，为企业创新提供法律保障，落实一系列有利于促进创新的财税政策以扶植创新型企业。（2）高层管理者应拥有创新意识。高层管理者的学习创新行为起着引导下属参与学习创新的作用，通过向员工提供自由宽松能萌生创意的环境，建立起鼓励创新的激励机制。（3）鼓励员工创新。尽管企业创新存在较大风险和不确定的未来收益，但创新对

于创意企业而言是生存之基，发展之本。一旦停止创新的步伐，企业将失去活力并逐步走向衰亡。企业对新想法、新思想应给予充分肯定和支持，同时需要从这些新想法和新思想选出可行性高、具有开发条件的创意构思和创新项目进行研发。而对于员工在探索和创新过程中出现的失误则应予以理解、信任和支持。这样的创新环境会极大地发挥员工创造潜能，提高员工内在的创新动力。（4）企业应塑造以创新为核心的企业文化。企业应在组织中营造出良好的学习风气和环境，以形成创新的氛围，要创造组织中的学习风气，通过激励组织成员的创新活动和激发组织全体员工的创新欲望以培养员工的创造性思维。（5）企业应形成开放式的沟通和交流方式。员工之间以及上下级之间彼此的坦诚沟通、学习交流对他们的创造力的成长至关重要。组织内部氛围越具有包容性和开放性，组织成员的创造能力就越强。因而企业需要建立畅通的横向和纵向沟通渠道，鼓励员工提供更多的建议和看法。

7.4.1.3 提升创意产业集群内、外企业间的信任度

集群绩效来自群内企业的协同发展，通常集群产生的效率会远大于单个企业效率之和。在创意产业集群内、外企业之间长期交易关系的维持主要靠产业集群企业之间的信任和承诺等非正式契约。可见信任在降低企业间的交易费用、减少不确定性和风险上起着极其重要的作用。作为创意产业集群软环境重要组成部分的企业间的信任对集群的生存和发展意义十分重大。一般认为可从以下几方面着手提升集群企业间的信任度。（1）增强企业信用方面信息的透明度。企业失信行为的产生是因为信息不对称，而当完善公共服务平台的信息服务功能后，就能充分发挥其在信息发布和信用建设中的作用。而当企业的声誉、过去交易的记录成为公共信息时，企业采取机失信行为的可能性就会大大降低。（2）加重对失信行为的惩罚力度，提高失信违约行为的成本。从理性人的行为基准来看，只有违约收益大于违约成本时，才会出现违约现象，但至今企业的失信行为屡禁不止的根本原因在于我国法律对失信行为的惩罚力度过轻，使得违约的收益能够大于违约的成本。因此我国应该在立法和执法上完善社会信用建设的内

容，建立有效的征信制度。（3）着力构建创意产业集群的区位品牌。区位品牌与单个企业品牌相比具有广泛、持续的品牌效应。它是集群内众多企业经过长时间经营而形成的巨大无形资产，一方面，它能使每个企业都受益，改变单个企业广告费用过高，而不愿积极参与和投入的状况；另一方面，它会使集群中每个企业都会认真思考失信行为的后果，并使企业行为都朝着遵守信用、规避失信行为的方向发展，从而使失信行为失去其存在的社会基础。

7.4.2　对创意产业集群间协同创新网络构建方面的相关政策建议

7.4.2.1　推动跨区域间联系的网络化

区际间联系随着交通和通信等基础设施的发展和完善而显得日益密切，其为跨区域间经济联系网络化的构建提供了前提条件。通过构建具有拓扑结构性质的社会关系网络，提升跨区域间创意企业的组织与社会邻近程度，从而更有利于激励创意企业间的协同创新。集群企业创新网络是指在某一特定区域内由互相联系的若干利益主体所构成且以技术创新为导向的开放式复杂系统。网络的功能在于能使各个分散、相互孤立的创意组织有效联结，形成了各经济主体之间密切的交互关系，使得不同企业在产品研发中充分学习和使用相互的知识，提高了创新成功的可能性。具体可从以下几点入手：（1）各地政府应联手推进跨区域产业合作和产业转移，共同筹建产业共建园区，通过建立优良的外部创新环境，引导跨区域合作。（2）跨区域的政府之间也应协力推进区际的技术和经济联系，形成跨区域的产业价值链条和分工协作网络，依靠跨区域间客观存在的技术、经济联系提升企业间的组织与社会邻近和认知邻近。

7.4.2.2　促进集群创新网络的动态成长

一般认为可从以下几方面着手加快创意企业创新网络的构建和成长。（1）与高校、研究机构建立合作研发联盟。大学和科研院所通常拥有雄厚的科研实力，是重要的知识源头。要建设创意产业集群间创新网络就必须引入技术创新的源头,通过其向群内企业转移知识、信息和技术。当前我国大部分创意产业集群整体创新力较弱,急需高校和科研机构在创意人才和先进技术等方面的支持。(2)以项目为抓手,鼓励创意产业集群内以及跨区域集群之间的企业合作研发。由于创意产业集群内外企业创新能力具有明显的异质性,这种异质性使得企业之间开展合作成为可能。当两家甚至多家企业就一个研究项目开展合作时,不同企业的竞争优势得以显现,不同企业的创意研发人员的知识结构得以互补,双向的知识溢出激活了更多的创新思维,从而放大了创新研发能力。(3)鼓励创意产业集群获取外部创新资源,与跨区域间的产业集群积极合作,引导创意产业集群内部企业与外部有创新优势的企业共同开展研发活动,同时发挥其在创新方面的辐射带动作用,以形成创意产业集群内外大、中、小创意企业紧密配合、互动发展的跨区域协同创新网络[①]。

7.4.2.3 培育跨区域间各类关联性组织

关联性组织为创意企业间相互了解提供了较好的中介平台,它们拉近了跨区域创意企业间的联系,增强了彼此间的了解和信任,从而极大地提升了创意企业间的认知邻近程度和组织与社会邻近程度,进而能促进双方开展合作。具体可采取以下举措:(1)积极构建跨区域各类产学研技术创新联盟。各地政府部门应积极支持跨区域创意企业间的产学研合作,鼓励各地区加强协调,引导、组织创意行业龙头企业、科研机构共建产学研创新联盟。(2)鼓励发展跨区域的各类科技联盟组织。引导和支持区域内创意企业、科研机构、中介组织以及创意产业园区通过"走出去"方式与其他地区的同类机构合作组建各类科技联盟组织,通过组织各类科技论坛、积极开展科技创新和交流对接等活动,吸引更多区域外的相关创新主体参与联盟。(3)鼓励建立创意产业集群之间交流的各类非正式团体。与非正式交流相呼应的非正式团体是集群内创意人员之间进行非正式交流的主渠道,也是非正式交流的理想平台,如各类专业协会、论坛等。

---

① 毛磊. 文化创意产业集群的演化与发展研究 [M]. 江苏大学出版社, 2010.

7.4.3　对于促进跨区域创意产业集群协同创新的制度政策层面建议

7.4.3.1　应体现国家意志，积极推进区域经济融合和一体化进程

众所周知，我国对地方政府及其官员的考核一直是以 GDP 作为主要衡量指标，这种评判标准必然会使地方政府实施经济利益最大化的"经济人"市场行为，从而固化行政边界，忽略区域经济一体化的发展趋势。目前我国长三角、京津冀等地区的协同发展战略已经上升为国家战略，体现国家意志，从国家宏观层面打破现有行政区划下的区域功能分工，跨越行政边界对产业集群的功能进行统筹规划，引入区域经济效益质量最大化概念，应研究制定 GDP 指标分解和跨区域合作政府的绩效考核办法，以此替代原有评价标准，从而能有效引导地方政府开展区域间经济合作的行为。从国家层面着手，为区域要素的自由流动和企业顺畅的空间合作提供有效的政策和服务供给，为区域间创意产业集群的协同发展提供良好的外部宏观环境。

7.4.3.2　探索构建区域一体化治理机制

随着创意产业集群跨区域经济协作网络的不断成长，自然形成了对跨区域市场制度一体化的需求，而制度一体化的核心是新共同主体的管理制度，而实现该目标不但需要跨区域间市场和创意企业的自组织演化，更需要跨区域政府间的协同配合，也就是建立区域一体化治理机制。首先，跨区域创意产业集群协作关系的不断拓展使得政府间为加强对其管理而产生了共同的治理目标和积极的协作意愿以及通畅的信息沟通机制，从而倒逼跨区域政府间形成有效的跨区域治理结构，其中包括决策机构、管理机构和执行机构。通过创建该类公共机构、制订一体化的管理规则、形成一体化公共权威、建立完备的跨区域市场体系，从而促进跨区域创意企业间协同创新。其次，地方政府应围绕区域经济一体化目标，合理定位各自区域的创意产业集群，实施协同发展。以各地区创意产业集群发展的分工协作为基础，通过建立地区间创意产业集群发展联盟组织、共同设立创意产业

集群扶持发展基金、开展联合建立重大项目等方式以制度性产业协作体系支撑各地区一体化联动发展。充分发挥创意产业集群战略联盟或是共建创意产业园区在搭建资源共享、合作交流的互动性平台以及推动集群实现优势互补、错位和协同发展方面的作用，推动差异化发展。最后，细化利益共享和风险共担机制，使得跨区域合作的创意企业能有更为明晰的合作规则，从而有效化解合作风险，规避合作主体的搭便车行为，以便强化良好合作关系的正向激励，最终能引领更多创意产业集群内外企业开展类似合作。

7.4.3.3 进一步加快跨区域创意产业集群协同创新的基础设施建设

创意产业集群的发展对地区有着更高的基础设施需求。不仅需要政府提供公共服务、通信、交通等基础设施，还需要政府提供文化基础设施。进一步加强基础设施建设的重点应为以下方面：（1）进一步提升区域间交通便利的程度。应在现有交通基础设施较为完善的基础上进一步优化。长三角各省市均已规划了今后一段时间将对县级市和跨地市等暂未通高铁的地区间实现覆盖，进一步为创意创新人才的跨区域间流动提供了便利。（2）建立完善的文化基础设施。完善的公共文化基础设施网络会对区域的文化发展产生重要的辐射力和带动力，有利于集聚吸纳高端要素，推动创意产业集群发展。政府应着力建设一批布局合理、与现代创意产业相配套且功能完善的公共文化设施，营造一个为所有受众所共同体验和共同参与的创意环境与想象空间。（3）在不断加大国家对文化基础设施投入的同时，积极鼓励和支持其他各类资金对上述文化基础设施以及涉及创意内容产品的通信和信息基础设施、技术的投资。

7.4.3.4 建立动态的政策评估及调整机制

尽管对于跨区域创意产业集群协同创新所实施的政策都是由跨地区间共同决策机构的决策者经过慎重决策而产生的结果，但外部环境的复杂性和不确定性使得创意产业集群这种高度开放性的产业组织群落极易受到外部的随机扰动，从而对集群的生产运作产生较大影响，因而建立对于跨区域间集群协同发展政策的动态评估与调整机制显得十分必要。一般认为应依据跨区域间创意产业集群协同发展的现实状况，建立集群协同发展政策实施的全程动态评估及调整机制。政策学习的实现机制有自上而下型和自下而上型两种。在自上而下的政策学习机制中,管理决策者有着改进其政策制定绩效的主观意愿,并希望能从经验中学习并预测产业集群未来发展,但由于存在许多不确定性,使得该政策学习机制需要自下而上的学习机制进行有效补充和修正,这实际上就是在公共部门和私人部门之间进行持续的交互学习和信息互换,从而帮助决策者做出经济政策的纠偏工作,使得政策制定过程更加符合实际。具体而言,在政策实施前,通过召开由公共部门和私人部门共同参与的协调会议,鼓励私人部门对政策制定的参与;在政策实施过程中,同样并行实施两种不同的政策学习机制,及时反映出政策的实施效果,并采取有效措施予以改进。

7.4.3.5 实施动态的知识产权保护策略

创意产业是智慧型产业,更是一种知识产权产业。有效的知识产权保护制度是创意产业得以持续发展的根本前提和保证。最优的知识产权保护强度并非是越强越好,这应取决于不同产业在不同阶段的技术特征。但到底实施何种强度的知识产权保护政策,这需要根据跨区域创意产业集群协同创新网络的发展现状相机抉择。因而集群知识产权保护政策的重点应由以自主知识产权为导向转向以企业动态能力和产业集群整体对外部环境的适应能力为导向的转变,根据跨区域创意产业集群协同发展现状和水平确定最优的知识产权保护强度,并实施灵活和动态调整的知识产权保护策略。在目前我国跨区域创意产业集群发展初期,创意企业原创能力普遍较弱,因而适应我国创意产业自主创新能力建设的较优知识产权保护强度不宜过高,随着我国创意企业创新能力的增强,应通过逐步提高知识产权保护强度激励创意企业增加自我研发投入,从而达到不断促进企业创新能力提升的制度宗旨。也就是说最优的知识产权保护强度应该是随着时间和空间而变化的,政府部门应该根据创意产业的基础条件和所处的阶段对知识产权保护强度进行动态的调整。

第 8 章

研究结论与展望

本书的主要研究成果可归纳为以下几点：

（1）首先阐述跨区域创意产业集群协同创新网络的相关概念含义，例如创意产业和创意产业集群的含义，在此基础上解释了跨区域创意产业集群协同创新网络的概念即指不同地域间创意组织基于自身发展需求而主动与异地间有创新合作需求的组织展开协同创新，遵循开放式创新思想，积极消化、吸收、整合和转让创新资源，从而在跨区域间形成围绕创意产品创新的研发、协作体系以及复杂的创新网络系统。

（2）开放式创新理论是目前创新领域研究中较为重要的理论思想，其由国外学者切丝布洛（Chesbrough）于 2003 年首次提出。运用该理论来阐释跨区域创意产业集群协同创新网络的产生和演化，显得较为恰当。跨区域协同创新整合过程就是基于开放式创新理论依次经历弱整合阶段——中度整合阶段——强整合阶段这三个演进阶段的过程。接着进一步分析了跨区域创意产业集群协同创新网络的三重交互模式也即嵌入式区域内部协同创新交互模式、区域间微观协同创新交互模式、区域间宏观协同创新交互模式。其中嵌入式区域内部协同创新交互模式是植根于区域内部并嵌入在其中的创新主体间的点对点交互模式，它又是跨区域协同创新网络体系中最基础层面的交互范式。区域间微观协同创新交互模式是指跨区域各创新主体间协同创新的点点交互模式，也是跨区域协同创新的初始模式，该模式存在于跨区域协同创新整合过程演进的各个阶段。而区域间宏观协同创新交互模式是指区域间创新网络的交互模式，也就是不同地域创新网络之间的网网交互模式，其中又涵盖了线线交互和面面交互。同时还分析了在该三种交互模式下协同创新呈现出的特征。

（3）构建了创意产业集群创新网络成长中企业协作策略选择过程的演化博弈模型。在创意产业集群的创新网络中，根据创意企业进入集群的先后顺序可将各类企业分为现任者和新进入者两大类。创意企业的这两种类别进而形成了可能存在于集群创新网络中的四种关系类型：①新进入企业—新进入企业；②新进入企业—现任企业；③现任企业—现任企业；④重复的现任企业—现任企业。通过分析这四种关系类型，构建了同类别和不同类别创意企业两类协作策略选择的演化博弈模型，通过分析发现影响创新网络中企业采取何种协作策略取决于协作成功的可能性、期望协作收益和协作成本这三个关键变量。接下来通过数值实验的方法，证实了企业选择某种协作策略的概率、期望协作收益值以及企业双方协作成本等因素变动对演化结果的影响，发现通过转变政府的政策导向可以改变这些变量值，并使企业间协同创新行为朝着所期望的方向演化，最终在此基础上提出培育集群内企业间的信任氛围、加强政府公共服务平台建设以及转变政策扶持方式的建议。

（4）基于多维邻近理论，分析了跨区域协同创新网络构建的影响因素。邻近性理论当前已经成为国内外学者研究跨区域协同创新的重要理论，以该视角分析跨区域协同创新网络构建的影响因素具有较好的理论和现实意义。以长三角地区苏州、上海和杭州的企业为例，通过问卷调查并运用因子分析法找出跨区域协同创新的影响因素，即地理邻近、组织与社会邻近、制度邻近和认知邻近。在此基础上运用结构方程模型为实证研究方法，构建了跨区域协同创新的影响因素模型，"认知邻近""地理邻近""组织与社会邻近"和"制度邻近"这四个潜在变量对"跨区域协同创新"潜变量均有影响，其中影响最大的是"认知邻近"潜在变量，这与本书课题组对动漫制作等高新企业进行访谈得出的结论相吻合。最后研究得出如下结论：认知邻近、地理邻近以及组织与社会邻近是影响跨区域协同创新的重要因素，更具体而言，对于跨区域协同创新网络构建的制约因素则是跨区域企业间认知存在较大差异、区域间企业缺乏了解和信任以及缺乏各类协同创新平台等问题。

（5）针对跨区域创意产业集群创新网络发展的趋势，如何制定出符合当地发展状况的创意产业集群政策是公共部门决策者关注的焦点问题。课题基于演化经济学的观点，认为跨区域创意产业集群协同创新网络政策演进表现为随着创意集群间协同创新网络的演化发展，需要以不断修正和调整的政策制度对其加以引导和扶持，以促成网络构建和网络成长。本书选择了政策实施的外部环境、政策制定者以及政策实施对象即集群间协同创新网络演化三个视角阐述政策演进的必然性。在此基础上，从三个层面阐述了创意产业集群协同创新网络成长的政策演进趋势，即微观层面——对企业的援助性补贴政策转为对企业动态创新能力培育；集群层面——从鼓励企业集聚转变为鼓励企业间创新网络的构建；政策制定过程层面——从政府部门独立决策转变为政府部门与企业部门共同决策。并进而提出了促进跨区域创意产业集群协同创新网络构建的政策建议。政策建议部分包括三部分，第一，从企业创新的微观层面，提出政府部门应当帮助创意企业提升知识吸收和应用能力；培育良好的企业创新氛围、提升企业创新能力；提升创意产业集群内、外企业间的信任度。第二，从创意产业集群间协同创新网络构建的中观层面，认为应当从推动跨区域间联系的网络化；促进集群创新网络的动态成长以及培育跨区域间各类关联性组织等方面入手。第三，从宏观管理的制度政策层面提出应体现国家意志，积极推进区域经济融合和一体化进程；探索构建区域一体化治理机制；进一步加快跨区域创意产业集群协同创新的基础设施建设；建立动态的政策评估及调整机制以及实施动态的知识产权保护策略。

本书未能对跨区域创意产业集群协同创新网络进行实证研究是本次研究较大的缺憾，由于数据获取和社会网络软件使用等存在一些问题，使得这项研究未能很好的开展，因而笔者接下来将通过网络方式获取有关跨区域间合作的联合申报专利数据，考察跨区域间创新合作在较长时期内的演化过程，并且在今后一段时间将此研究深入进行下去。

参 考 文 献

[1] 陈倩倩，王缉慈．论创意产业及其集群的发展环境——以音乐产业为例 [J]．地域研究与开发，2005，24（5）．

[2] 成思危．复杂性科学探索论文集 [C]．北京：民主与建设出版社，1999．

[3] 党兴华，弓志刚．多维邻近性对跨区域技术创新合作的影响 [J]．科学学研究，2013，31（10）：1590－1600．

[4] 高宏宇．文化及创意产业与城市发展——以上海为例 [D]．上海：同济大学（博士学位论文），2007．

[5] 胡惠林．文化产业发展与国家文化安全——全球化背景下中国文化产业发展问题思考 [A]．文化产业的发展和管理 [C]．上海：学林出版社，2001．

[6] 花建．上海文化产业的发展趋势和政策导向 [J]．毛泽东邓小平理论研究，1998（4）．

[7] 黄凯南．共同演化理论研究评述 [J]．中国地质大学学报（社会科学版），2008，8（4）．

[8] 霍金斯．创意经济 [M]．上海：上海三联书店，2006．

[9] 霍奇逊．演化与制度——论演化经济学和经济学的演化 [M]．北京：中国人民大学出版社，2007．

[10] 霍奇逊主编，贾根良等译，制度与演化经济学文选：关键性概念 [M]．北京：高等教育出版社，2005．

[11] 贾根良．演化经济学的综合：第三种经济学理论体系的发展

[M]. 科学出版社, 2012.

[12] 贾根良, 赵凯. 演化经济学与新自由主义截然不同的经济政策观 [J]. 经济社会体制比较, 2006 (2).

[13] 金丽国, 区域主体与空间经济自组织 [M]. 上海: 上海人民出版社, 2007.

[14] 金元浦. 认识文化创意产业 [J]. 中华文化画报, 2007 (1), 4-9.

[15] 金元浦. 文化创意产业的多种概念辨析 [J]. 同济大学学报 (社会科学版), 2009, 20 (1): 47-48.

[16] 李大元, 项保华. 组织与环境共同演化理论研究述评 [J]. 外国经济与管理, 2007, (11).

[17] 李蕾蕾. 文化与创意产业集群的研究谱系和前沿: 走向文化生态隐喻 [J]. 人文地理, 2008 (2), 33-38.

[18] 李琳等. 多维邻近性与创新: 西方研究回顾与展望 [J]. 经济地理, 2013, 33 (6): 1-7.

[19] 李琳等. 组织合作中的多维邻近性: 西方文献评述与思考 [J]. 社会科学家, 2009, 7: 108-112.

[20] 厉无畏. 创意产业导论 [M]. 上海: 学林出版社, 2006, 4.

[21] 厉无畏. 创意产业导论 [M]. 上海: 学林出版社, 2006, 3.

[22] 吕挺琳. 自组织视角下文化产业集群的优越性与演进 [J]. 经济经纬, 2008 (6).

[23] 马海霞. 文化经济论与文化产业研究综述 [J]. 思想战线, 2007 (5): 111-118.

[24] 迈克尔·波特著. 李明轩、邱如美译. 国家竞争优势 [M]. 华夏出版社, 2002.

[25] 毛磊. 文化创意产业集群的演化与发展研究 [M]. 江苏大学出版社, 2010.

[26] 苗东升. 论复杂性 [J]. 自然辩证法通讯, 2000 (6).

[27] 彭正龙，王海花.开放式创新模式下资源共享对创新绩效的影响 [J].科学学与科学技术管理，2010，32（1）.

[28] 荣跃明.超越文化产业：创意产业的本质与特征 [J].毛泽东邓小平理论研究，2004（5）：18－24.

[29] 沈山.文化产业的内涵及其政策发展趋势 [J]，社会科学家，2005（3）：166－167.

[30] 孙启明.文化创意产业的形成与历史沿革——文化创意产业前沿 [C].北京：中国传媒大学，2008.

[31] 王缉慈.文化创意产业形成有其自身发展规律 [J].中国高新区，2008（3）：17.

[32] 王振红，我国开放式创新理论研究述评 [J].科学管理研究，2013，31（6）.

[33] 吴明隆.结构方程模型——AMOS 的操作与应用 [M].重庆大学出版社，2010：236－237.

[34] 吴卫红等.京津冀省市间创新能力相似性、耦合性及多维邻近性对协同创新的影响 [J].科技进步与对策，2016，33（9）：24－29.

[35] 许国志.系统科学 [M].上海：上海科技教育出版社，2000.

[36] 叶金国等.产业系统自组织演化的条件、机制与过程 [J].石家庄铁道学院学报，2003，16（2）.

[37] 盈利.创意产业集群网络结构研究 [D].北京：北京交通大学（硕士学位论文），2008：35－36.

[38] 曾光，张小青.创意产业集群的特点及其发展战略 [J].科技管理研究，2009（6）：447－448.

[39] 张东风.基于复杂性理论的企业集群成长与创新系统研究 [D].天津：天津大学博士学位论文，2005.

[40] 张晓明.创意产业在中国的前景 [J].投资北京，2005（8）：56－63.

[41] 张曾芳，张龙平.论文化产业及其运作规律 [J].中国社会科

学，2002（2）：99 - 106.

［42］周叔莲，吕铁，贺俊. 新时期我国高增长行业的产业政策分析［J］. 中国工业经济，2008（9）.

［43］Adorno T. and Horkhemier, M. Dialectic of Enlightenment［M］. London：New left books，1979.

［44］Agrawal A., I. Cockburn and J. McHale. Gone but Not Forgotten：Knowledge Flows, Labor Mobility, and Enduring Social Relationships［J］. *Journal of Economic Geography*, 2006, 6：571 - 591.

［45］Aguilera A., Lethiais V. and Rallet A. Spatial Proximity and Inter-company Communication：Myths and Realities［J］. *European Planning Studies*, 2015, 23：798 - 810.

［46］Anet Weterings and Ron Boschma Does Spatial Proximity to Customers Matter for Innovative Performance?［J］. *Research Policy*, 2009, 38：746 - 755.

［47］Asheim B. and Isaksen A. Regional Innovation Systems：The Integration of Local "Sticky" and Global "Ubiquitous" Knowledge［J］. *Journal of Technology Transfer*, 2002, 27（1）：77 - 86.

［48］Bassett, Keith, Ron Griffiths and Ian Smith. Cultural Industries, Cultural Clusters and The City：The Example of The Natural History Film - Making In Bristol［J］. *Geoforum*, 2002, 33：65 - 177.

［49］Baum J. A. C., J. V. Singh. *Evolutionary Dynamics of Organizations*［M］. New York：Oxford University Press, 1994.

［50］Boschma R. and Frenken K. *The Spatial Evolution of Innovation Networks：A Proximity Perspective*［C］. Handbook of Evolutionary Economic Geography, 2010：120 - 135.

［51］Boschma R. Proximity and Innovation：A Critical Assessment［J］. *Regional Studies*, 2005, 39（1）：61 - 74.

［52］Boschma R. & Weterings A. The Effect of Regional Differences on the

Performance of Software Firms in the Netherlands [J]. *Journal of Economic Geography*, 2005, 5: 567 – 588.

[53] Breschi S. & F. Lissoni. Mobility and Social Networks: Localized Knowledge Spillovers Revisited [J]. *CESPRI Working Paper*, Bocconi University, Milan, 2003: 142.

[54] Browm. A. O' Connor J. & Cohen S. Local Music Policies within a Global Music Industries: Cultural Quarters in Manchester and Sheffield [J]. *Geoforum*, 2000, 31: pp437 – 451.

[55] Caragliu A. , de Dominicis L. & de Groot, H. Both Marshall and Jacobs were Right! [J]. *Economic Geography*, 2016, 92: 87 – 111.

[56] Caves R. , *Creative Industries: Contracts Between Art and Commerce* [M]. Cambridge, MA: Harvard University Press, 2002.

[57] Coenen L. , Moodysson J. & Asheim B. (2004). Nodes, networks and Proximities: On the Knowledge Dynamic of the Medicon Valley Biotech Cluster. European Planning Studies, 2004, 12: 1003 – 1018.

[58] Cohen L. *A Consumers' Republic: The Politics of Mass Consumption in Postwar America* [M]. New York: Knopf, 2003.

[59] Creative Economy Report 2008 [R]. UNCTAD, 2008: 12 – 14.

[60] Cristian Geldes. How does Proximity Affect Interfirm Cooperation? A Study of an Agribusiness Cluster [J]. *Journal of Business Research*, 2015, 68: 263 – 272.

[61] DCMS, *Creative Industries Mapping Document* [M]. London, Department of Culture, Media and Sports, 2001.

[62] Eelko K. R. E. Huizingh. Open innovation: State of the art and future perspectives [J]. *Technovation*, 2011, 31: 2 – 9.

[63] Evans, Graeme. Measure for Measure: Evaluating the Evidence of Culture's Contribution to Regeneration [J]. *Urban Studies*, 2005, 42 (5/6): 959 – 83.

［64］ Gornostaeva, Galina & Cheshire, Paul. Media Cluster In London, 2004. Cahiers De L' IaurifN 135.

［65］ Grabher G. Cool Projects, Boring Institutes: Temporary Collaboration in Social Context [J]. *Regional Studies*, 2002, 36 (3): 205 –214.

［66］ Grabher G. Tempprary Architectures of Learning: Knowledge Governance in Project Ecologies [J]. *Organizational Studies*, 2004, 25 (9): 1491 – 1514.

［67］ Hall P A. and D. Soskice (eds). Varieties of Capitalism. The Institutional Foundations of Comparative Advantage, Oxford: Oxford University Press, 2001: 65 –77.

［68］ Hansen T. Bridging Regional Innovation: Cross-border Collaboration in the Oresund Region [J]. *Geografisk Tidsskrift – Danish Journal of Geography*, 2013, 113: 25 –38.

［69］ Heringa P. , Horlings, E. How do Dimensions of Proximity Relate to the Outcomes of Collaboration? Asurvey of Knowledge-intensive Networks in the Dutch Water Sector. Economics of Innovation and New Technology, 2014, 23: 689 –716.

［70］ Hoekman J. et al. Research Collaboration at a Distance: Changing Spatial Patterns of Scientific Collaboration within Europe [J]. *Research Policy*, 2010, 39 (5): 662 –673.

［71］ Hoekman J. K. Frenken and F. Van Oort. Collaboration Networks as Carriers of Knowledge Spillovers: Evidence from EU27 Regions [J]. *CESPRI Working Paper*, Bocconi University, Milan, 2008: 222.

［72］ Hoekman J. K. Frenken and F. Van Oort. The Geography of Collaborative Knowledge Production in Europe' [J]. *Annals of Regional Science*, 2009, 43 (3): 721 –738.

［73］ Hussler C. Culture and Knowledge Spillovers in Europe: New Perspectives for Innovation and Cinvergence Policies [J]. *Economics of Innnovation and New Technology*, 2004, 13: 523 – 541.

[74] Jauhiainen J. Baltic Sea Region Innovation Systems: Challenges and Opportunities [J]. *Baltic Sea Region Policy Briefing*, 2014, 2 (1): 63 – 73.

[75] Jouhtio M. *Co-evolution of Industry and Its Institutional Environment* [Z]. Working Paper of the Institute of Strategy and International Business in Helsinki University of Technology, 2006.

[76] Knoben J. & Oerlemans L. Proximity and Inter-organizational Collaboration: A Literature Review [J]. *International Journal of Management Reviews*, 2006, 8: 71 – 89.

[77] Koschatzky K. A River is a River: Cross-border Networking between Baden and Alsace [J]. *European Planning Studies*, 2000, 8: 429 – 449.

[78] Lee Fleming & M. Marx. Managing Creativity in Small Worlds [J]. *California Management Review*, 2006.

[79] Lewin A. Y., H. W. Volberda. Prolegomena on Co-evolution: A Framework for Research on Strategy and New Organizational Forms [J]. *Organization Science*, 1999 (5).

[80] Linus Dahlander, David M. Gann. How Open is Innovation? [J]. *Research Policy*, 2010, 39: 699 – 709.

[81] Lundquist K – J & Trippl M. Distance, Proximity and Types of Cross-border Innovation Systems: A Conceptual Analysis [J]. *Regional Studies*, 2013, 47: 450 – 460.

[82] Lundquist K – J & Winter L. The Interspace between Denmark and Sweden: The Industrial Dynamics of the Oresund Cross-border Region [J]. *Geografisk Tidsskrift – Danish Journal of Geography*, 2006, 106: 115 – 129.

[83] Maggioni M. & Uberti E. Inter-regional Knowledge Flows in Europe: An Econometric Analysis. In K. Frenken (Ed.), Applied Evolutionary Economics and Economic Geography (pp. 230 – 255) [J]. *Cheltenham*: Edward Elgar.

[84] Makkonen T. & Inkinen T. Spatial Scaling of Regional Strategic Pro-

grammes in Finland: A Qualitative Study of Clusters and Innovation Systems [J]. *Norsk Geografisk Tidsskrift – Norwegian Journal of Geography*, 2014, 68: 216 – 227.

[85] Makkonen T. , Scientific Collaboration in the Danish – German Border Region of Sourthern Jutland – Schleswig [J]. *Geografisk Tidsskrift – Danish Journal of Geography*, 2015, 115: 27 – 38.

[86] Marianne Steinmo & Einar Rasmussen. How Firms Collaborate with Public Research Organizations: The Evolution of Proximity Dimensions in Successful Innovation Projects [J]. *Journal of Business Research*, 2016, 69: 1250 – 1259.

[87] Mark J. Stern and Susan C. Seifert Cultural Clusters: The Implications of Cultural Assets Agglomeration for Neighborhood Revitalization [J] *Journal of Planning Education and Research*, 29 (3): 262 – 279.

[88] Molotch H. , LA as Design Product: How Art Works in a Regional Economy, In Scott, A. and Soja, E, editors, The City: Los Angeles and Urban Theory at the End of the Twentieth Century, Berkerley and Los Angeles, CA: University of California Press, 1996: 225 – 275.

[89] Mommaas H. Cultural Creative Cluster Perspectives: European Experiences [Z]. Paper Presented to the Cultural Creative Spaces Conference. Beijing, 19 to 21 October, 2006.

[90] Montgomery, John. , Cultural Quarters as Mechanisms for Urban Regeneration. Part II: A Review of Four Cultural Quarters in the UK, Ireland and Australia. Planning [J]. *Practice & Research*, 2004, 19 (1): 3 – 31.

[91] Nachum, Lilach & Keeble, David. Neo – Marshallian Nodes, Global Networks And Firm Competitiveness: The Media Cluster of Central London, ESRC Center For Business Research [J]. *University of Cambridge Working Paper* No. 138.

[92] Nooteboom B. *Inter – Firm Alliances: Analysis and Design* [M].

London and New York: Routledge, 1999: 239 – 255.

[93] Ozman M. Interfirm Networks and Innovation: A Survey of Literature [J]. *Economics of Innovation and New Technology*, 2009, 18 (1): 39 – 67.

[94] Petruzzelli A. M.. The Impact of Technological Relatedness, Prior Ties, and Geographical Distance on University-industry Collaborations: A Joint-patent Analysis [J]. *Technovation*, 2011, 31 (7): 309 – 319.

[95] Power D. , Scott A. *Cultural Industries and the Production of Culture* [M]. London and New York: Roultledge, 2004: 3 – 15.

[96] Pratt A. 2004 Creative Clusters: towards the Governance of the Creative Industries Production system? [J]. *Media Australia: Culture and Policy*, 2004, 112: 50 – 66.

[97] Pumhiran N. Reflection on the Disposition of Creative Mllieu and its Implications for Cultural Clustering Strategies, 41st ISoCaRP Congress.

[98] Richard Caves, Creative Industries [M]. Cambridge Mass: Harvard University Press, 2000.

[99] Sang – Chul Park. Innovation Policy and Strategic Value for Building a Cross-border Cluster in Denmark and Sweden [J]. *AI & Soc*, 2014, 29: 363 – 375.

[100] Scott, Allen J. The Craft, Fashion, and Cultural Products Industries of Los Angeles: Competitive Dynamics and Policy Dilemmas in a Multi-sectoral Image-producing Complex [J]. *Annals of the Association of American Geographers*, 1996, 86 (2): 306 – 323.

[101] Scott A. The Cultural Economy of Cities [J]. *International Journal of Urban and Regional Research*, 1997, 21: 323 – 339.

[102] Teis Hansen. Bridging Regional Innovation: Cross-border in the Oresund Region [J] . *Geografisk Tidsskrift – Danish Journal of Geography*, 2013, 113 (1): 25 – 38.

[103] Todtling F. , & Trippl, M. One Size Fits All? Towards a Differen-

tiated Regional Innovation Policy Approach [J]. *Research Policy*, 2005, 34: 1203 – 1219.

[104] Torre A. & Gilly J. P. On the Analytical Dimension of Proximity Dynamics [J]. *Regional Studies*, 2000, 34: 169 – 180.

[105] Trippl M. , Developing Cross-border Regional Innovation Systems: Key Factors and Challenges. Tijdschrift Voor Economische en Sociale Geografie, 2010, 101: 150 – 160.

[106] Trippl M. Innovation Networks in a Cross-border Context: The Case of Vienna. In M. van Geenhuizen & P. Nijkamp (Eds.), Creative Knowledge Cities (pp. 273 – 302). Cheltenham: Edward Elgar.

[107] Van den Broek J. & Smulders H. Institutional Gaps in Cross-border Regional Inmnovation Systems: The Hprticultural Industry in Venlo – Lower Rhine. In R. Rutten, P. Benneworth, D. Irawati & F. Boekema (Eds.), The Social Dynamics of Innovation Networks (pp. 157 – 176). Abingdon: Routledge.

[108] Vossman, Laura. How Many Artists Does It Take to Build a Downtown? Long Beach Looks to Its Arts District for Help [J]. *Planning*, 2002, 68 (6, June): 20 – 23.

[109] Walcott S. Analyzing an Innovatives Environment: San Diego as a Bioscience Beachhead [J]. *Economy Development Quarterly*, 2002, 16 (2): 99 – 114.

[110] Weidenfeld A. Tourism and Cross Border Regional Innovation Systems [J]. *Annals of Tourism Research*, 2013, 42: 191 – 213.

[111] Wuyts S. Empirical Tests of Optimal Cognitive Distance [J]. *Journal of Economic Behavior & Organization*, 2005, 58: 277 – 302.

关于跨区域企业间开展协同
创新的影响因素的调查问卷

尊敬的先生/女士，您好！

  本人是上海交通大学安泰经济与管理学院管理科学与工程在站博士后研究人员。目前承担国家社会科学基金项目《跨区域创意产业集群协同创新网络运作机制和政策研究》（12CGL114），需要对贵公司和园区其他企业进行调研，希望能得到您的大力支持，不胜感谢！

  本问卷采用无记名方式填写，调查结果不涉及任何商业用途，完全用于学术研究，保证对您填写的信息保密。本问卷采用 5 级量表法，分别表示程度的深浅，依次表示从非常赞同向非常不赞同过渡。请在该选项的方框内打上"√"。谢谢您的配合！

  第一部分：基本情况

  贵公司所从事的主营业务是＿＿＿＿＿＿＿＿＿＿＿＿

  贵公司已成立时间在

  □1 年以下　　□1～3 年　　□3～5 年　　□5 年以上

  贵公司拥有员工人数

  □10 人以下　　□10 人～20 人　　□20 人～50 人　　□50 人～100 人

□100 人以上

  贵公司去年的营业额

  □10 万元以下　　□11 万～50 万元　　□51 万～100 万元　　□101 万～

200 万元　　□200 万元以上

您的学历：　　　　　　　您所从事的主要工作：

第二部分：问卷内容

	非常赞同	赞同	一般	不赞同	非常不赞同
1 跨区域企业间能否顺利实施协同创新取决于协同创新的总成本大小	□	□	□	□	□
2 跨区域企业间能否顺利实施协同创新取决于协同创新的总收益大小	□	□	□	□	□
3 跨区域企业间能否顺利实施协同创新取决于协同创新所冒风险的大小	□	□	□	□	□
4 空间地理位置邻近是企业跨区域开展协同创新的重要影响因素	□	□	□	□	□
5 地理空间邻近程度可以体现为区域空间距离的远近	□	□	□	□	□
6 地理空间邻近程度可以通过企业跨区域合作所花费的成本费用（路途时间、精力和资金耗费等）予以反映	□	□	□	□	□
7 地理空间邻近程度可以通过地区间人才和知识的流动频率予以反映	□	□	□	□	□
8 企业间的认知邻近是企业进行跨区域协同创新的重要影响因素	□	□	□	□	□
9 企业间的认知邻近可以体现为企业间拥有互补的知识和技术	□	□	□	□	□

	非常赞同	赞同	一般	不赞同	非常不赞同
10 企业间的认知邻近可以体现为企业间拥有相似的研发能力	☐	☐	☐	☐	☐
11 企业间的认知邻近可以体现为企业间拥有相似的知识吸收能力	☐	☐	☐	☐	☐
12 企业间的组织邻近是企业进行跨区域协同创新的重要影响因素	☐	☐	☐	☐	☐
13 企业间的组织邻近可以体现为企业组织结构类似	☐	☐	☐	☐	☐
14 企业间的组织邻近可以体现为企业管理体制相似（例如企业集权/分权的管理模式等）	☐	☐	☐	☐	☐
15 企业间的组织邻近可以体现为企业间互信（相互信任）的程度	☐	☐	☐	☐	☐
16 企业间的社会邻近是企业进行跨区域协同创新的重要影响因素	☐	☐	☐	☐	☐
17 跨区域企业间的社会邻近可以体现为企业间以往的合作经历	☐	☐	☐	☐	☐
18 跨区域企业间的社会邻近还可以体现为企业员工间的了解和信任程度	☐	☐	☐	☐	☐
19 跨区域企业间的社会邻近还可以体现为双方企业社会关系网络相似程度	☐	☐	☐	☐	☐
20 企业间的制度邻近是企业进行跨区域协同创新的重要影响因素	☐	☐	☐	☐	☐

	非常赞同	赞同	一般	不赞同	非常不赞同
21 企业间的制度邻近可以体现为不同地区间有着相似的协同创新激励政策	☐	☐	☐	☐	☐
22 企业间的制度邻近可以体现为不同地区间有着相似的地方保护主义程度	☐	☐	☐	☐	☐
23 企业间的制度邻近可以体现为不同地区间有着相似的公平市场制度	☐	☐	☐	☐	☐
24 企业间的制度邻近可以体现为不同地区间有着相似的文化习俗和价值观念	☐	☐	☐	☐	☐
25 跨区域间的地理位置邻近有利于所属不同区域的企业之间的认知邻近	☐	☐	☐	☐	☐
26 跨区域间的地理位置邻近有利于所属不同区域的企业之间的组织邻近	☐	☐	☐	☐	☐
27 跨区域间的地理位置邻近有利于所属不同区域的企业之间的社会邻近	☐	☐	☐	☐	☐
28 跨区域间的地理位置邻近有利于所属不同区域的企业之间的制度邻近	☐	☐	☐	☐	☐
29 跨区域企业间认知邻近有助于企业间的制度邻近；反过来，企业间制度邻近亦有利于相互间的认知邻近	☐	☐	☐	☐	☐
30 跨区域企业间组织邻近有助于企业间的制度邻近；反过来，企业间制度邻近亦有利于相互间的组织邻近	☐	☐	☐	☐	☐

	非常赞同	赞同	一般	不赞同	非常不赞同
31 跨区域企业间组织邻近有助于企业间的社会邻近；反过来，企业间社会邻近亦有利于相互间的组织邻近	□	□	□	□	□
32 跨区域企业间社会邻近有助于企业间的制度邻近；反过来，企业间制度邻近亦有利于相互间的社会邻近	□	□	□	□	□

33 如果不涉及企业机密，烦请写出一些与贵公司有过合作关系的地区外企业（本市以外其他地区的企业），或是本地的合作企业。驱使贵公司与上述企业开展合作创新的主要原因有哪些？请列举一二。

_____

_____

_____

后 记

　　本书是在我的博士后出站报告的基础上修改而成的。在本书即将付梓之际，首先要向我的博士后合作导师上海交通大学安泰经济与管理学院谢富纪教授致以最诚挚的谢意！

　　谢老师长期从事创新管理方向的学术研究，是我国在该领域的著名学者。谢老师承担了国家自然科学基金项目、国家社会科学基金项目以及教育部哲学社会科学重大课题攻关项目等多项国家级重点项目，我自进入博士后流动站以来，参加多次课题开题会、学术研讨会，我们学术团队的日常交流给了我极大启发，对我所承担的国家社科基金青年项目的完成，起到了极好的促进和帮助作用。在此要向谢老师和各位同门师弟师妹表示衷心感谢！

　　同样还要感谢我所在工作单位南京晓庄学院商学院赵彤院长为本书的出版所提供的大力支持！另外还要感谢南京晓庄学院副校长贾创雄教授、商学院财管教研室王明成主任、朱义令主任的帮助和支持！

　　另外经济科学出版社经济理论分社的孙丽丽老师和胡蔚婷老师为本书出版与本人进行了多次沟通和协调，在此对两位老师也表示衷心感谢！

　　最后要感谢的是我的父母！他们为我完成学业营造了一个舒适、安静的环境，并包揽所有家务让我安心学习。他们的理解和支持是我的动力之源，希望他们能健康快乐！

毛 磊

2021 年 3 月于镇江江山名洲寓所